사르트르 vs 메를로퐁티

세창프레너미Frenemy 002

사르트르 vs 메를로퐁티

초판 1쇄 인쇄 2018년 12월 20일
초판 1쇄 발행 2018년 12월 28일
_

지은이 강미라
펴낸이 이방원
편 집 안효희·김명희·강윤경·윤원진·홍순용
디자인 손경화·박혜옥 **영업** 최성수 **마케팅** 이미선
_

펴낸곳 세창출판사
신고번호 제300-1990-63호
주 소 03735 서울시 서대문구 경기대로 88 냉천빌딩 4층
전 화 723-8660 **팩 스** 720-4579
이메일 edit@sechangpub.co.kr **홈페이지** http://www.sechangpub.co.kr/
_

ISBN 978-89-8411-780-8 93160

ⓒ 강미라, 2018

이 도서의 국립중앙도서관 출판시도서목록(CIP)은 서지정보유통지원시스템 홈페이지(http://seoji.nl.go.kr)와
국가자료공동목록시스템(http://www.nl.go.kr/kolisnet)에서 이용하실 수 있습니다. CIP제어번호: CIP2018040419

세창프레너미Frenemy   002

사르트르
vs
메를로퐁티

강미라 지음

세창출판사

프레너미frenemy. 사르트르와 메를로퐁티

경쟁자이자 친우라는 의미인 프레너미frenemy. 사르트르Jean-Paul Sartre와 메를로퐁티Maurice Merleau-Ponty는 이 프레너미라는 표현에 딱 들어맞는 커플이다. 우선 그들의 삶을 보자. 사르트르는 1905년에 태어났고, 메를로퐁티는 1908년에 태어났으니 사르트르가 메를로퐁티보다는 3살 연상이다.[1] 둘은 비슷한 시기에 파리에서 활동한 지식인이었으니 이것만으로도 확실히 서로 외면할 수 없는 사이였으며 둘의 관계는 그 이상이었다. 두 사람은 파리고등사범학교에서 선후배로 첫 인연을 맺었다. 사르트르의 친구들이 교회를 조롱하는 노래를 부르는 것을 당시 기독교인이었던 메를로퐁티가 듣고서 항의했다. 이에 친구들이 메를로퐁티에게 거칠게 시비를 걸어오는 것을 사

---

1   세상을 뜬 때는 메를로퐁티는 1961년, 사르트르는 1980년이다.

르트르가 말렸다는 소년다운 에피소드를 통해 둘은 구면이 되었다.

1930년 즈음, 둘은 학교를 졸업하고 각자 철학교수자격시험에 합격했으며 각자의 사회생활과 학업을 이어 나갔다. 이때 두 사람 사이에 구체적인 관계는 없었지만 우연인지 시대적 필연인지 두 사람은 모두 후설을 공부하고 있었다. 그 영향으로 사르트르는 1943년 『존재와 무』를 발표했고, 메를로퐁티는 1945년 『지각의 현상학』을 발표했다. 앞으로 보게 되겠지만 이 두 책은 모두 후설의 현상학에 대한 존경으로부터 시작되어 그것을 넘어 완성하겠다는 목표로 집필되었다.

한편, 1941년 두 사람은 '사회주의와 자유'라는 단체를 조직하여 독일에 대한 비밀저항운동을 함께 한다. 전쟁이라는 절박한 시대적 상황에서 두 사람은 의기투합하였으며 순수한 우정을 나누었다. 1945년에는 이들의 공동 행보에서 가장 중요한 사건이라 할 수 있는 「현대」를 창간하기에 이른다. 「현대」는 문학을 비롯하여 각종 사회 이슈에 대한 글을 실은 잡지이다. 메를로퐁티는 정치분야의 공동편집자를 맡았다. 당시가 제2차 세계대전 직후라는 점을 지금의 독자는 염두에 둘 필요가 있다. 전쟁이 끝난 시기란 곧 새로운 질서를 수립할 필요가 있는 시기이다. 다시 말해 다양한 주장과 사상이 뜨겁게 충돌하는 혼란의 시기이다. 전쟁이 끝난 후 소비에트 연방은 일종의 헤게모니적 우위를 점한다. 그러나 곧 스탈린의 독재가 시작되었다. 프랑스의 공산당원들 및 좌파지식인들은 이에 영향을 받았을 뿐만 아니라 이에 반응을 보여야 했다. 1950년, 한반도에서 발발한 6·25전쟁은 소비에트 폭력의 정당성에 대한 의구심을 확대시키는 것이었다. 이것은 지금의 시각에서는 이견이 없어 보이지만, 당시에는 정보가 실시간으로 전달되던 시절이 아니었기 때문에 의혹을 거둘 충분한 정보가 없었다. 사르트르는 소비에트의 폭력이 여전히 정당한 것(미래의 이상적인 사회를 위한 것이기 때문에)이라고 보고 옹호한 반면, 메를로퐁티는 진보적 폭력론을 접고 공산당의 행보에 대해서도 비판의 입장을 보이게 된다. 사르트르가 메를로퐁티의 동의를 얻지 않고 공산당을 지지하는 글을 「현대」에 게재한 것에 대해 메를로퐁티가 항의하면서, 「현대」 책임 편집자를 사임하기에 이른다. 결국 두 사람은 입장 차이를 좁히지 못했고 결별하게 된다.

이후 두 사람은 다시는 얼굴을 보지 않을 정도의 관계가 되지는 않았지만, 이전으로 돌아가지도 못했다. 메를로퐁티를 추도하는 글에서 사르트르는 "시간이 더 있었더라면 오해가 풀렸을 것"이라고 아픈 마음을 드러내었다. 만일 메를로퐁티가 먼저 세상을 떠나지 않았다면 둘의 사상적 교류는 계속 되었을까? 프레너미로서 사르트르와 메를로퐁티의 사유를 비교하려는 우리에게는 흥미로운 질문이다. 그러므로 답은 성급히 내리지 말고, 이 책의 마지막까지 남겨 두자.

무엇을 비교하나

사르트르와 메를로퐁티의 차이는 정치적 관점뿐만은 아니다. 사르트르는 다수의 소설과 희곡으로도 자신의 사상을 표현했고, 사회의 이슈에 적극적인 목소리를 내었다. 나아가 다양한 운동에 참여하고 이끌기도 했다. 반면에 메를로퐁티는 정치적 문제에 대해서도 철학적 태도로 접근한 '철학자'였다. 또한 자연과학, 구조주의, 정신분석학, 아동심리학 등 철학적 외연을 벗어난 학문에 대해서도 진지하게 열린 태도를 보였다. 두 사람의 사상적, 학문적 관심사가 다른 것은 당연한 일이다. 그렇지만 두 사람의 사유는 비교할 여지가 충분해 보이는데, 무엇보다도 초기의 주저인 『존재와 무』와 『지각의 현상학』의 내용 때문이다. 앞서 언급했다시피, 두 사람은 각각 후설을 연구하면서 본인의 철학적 사유를 성숙시키게 되는데, 이 두 저서는 그러한 성숙의 결과이다. 이 저서들을 통해 메를로퐁티와 사르트르는 실존주의적 현상학 내지는 현상학의 프랑스적 전유를 성취한다. 프랑스 철학을 소개하는 입문서를 보면 사르트르와 메를로퐁티를 나란히 소개하면서 위의 표현을 쓰는 경우를 심심찮게 보게 된다. 둘은 무시할 수 없는 하나의 흐름을 철학사에 남긴 것이다.

지금부터 이러한 중요성을 지닌 『존재와 무』와 『지각의 현상학』을 비교하면서 읽어 보자. 이 두 책은 후설이라는 같은 출발점에서 시작하여 다른 방향을 향한다. 특히 메를로퐁티는 2년 전에 출판된 『존재와 무』를 의식하면서 『지각의 현상학』을 집필했다. 그래서 사르트르를 직접적으로 또는 간접적으로 언급하면서 글을 썼다. 그렇기 때문에 프레너미로서 비교할 여지가 충분하다. 그러나 우리의 독해는 두 책에만 한정되지는 않는다. 두 사람의 사유를 비교할 여지가 있는 분야에서 비교할 만한 저서를 찾아내어 비교할 것이다.

그 내용은 다음과 같다.

먼저 1장에서는 『존재와 무』와 『지각의 현상학』을 중심으로 두 사람의 철학적 기획의 근본적인 부분을 살핌으로써 철학적 기획의 차이를 확인할 것이다. 사르트르와 메를로퐁티는 둘 다 후설의 현상학에 조예가 깊었고 많은 영향을 받았다. 그리고 둘은 모두 후설의 사유가 완성될 필요가 있다고 느꼈으며 그것을 자신의 철학적 과제로 받아안았다. 사르트르의 경우, 현상학적 존재론을 수립함으로써 그 과제를 완수하려고 했다. 메를로퐁티는 지각이라는 원초적인 현상을 기술함으로써 몸으로서의 주체성을 재발견하고, 이를 통해 결국 관념론으로 귀결하는 후설의 현상학을 구하고자 했다.

2장에서는 이런 논의를 바탕으로 인간에 대한 사르트르와 메를로퐁티의 견해를 살필 것이다. 사르트르는 존재론적 규정상 인간을 의식적 존재로 규정했고, 반면에 메를로퐁티는 인간을 신체적 존재로 규정한다. 이러한 차이를 확인하고, 나아가 심신문제와 관련하여 둘의 견해가 갖는 철학사적 의의를 생각해 보자.

3장에서는 타인의 문제를 다룰 것이다. 즉 '타인도 나와 같은 주체성을 갖는 존재라는 것을 어떻게 알 것인가, 그리고 타인과 어떤 관계를 맺을 수 있는가?'의 문제에 대한 두 철학자의 대답을 들어 볼 것이다. "타인, 그것은 곧 지옥이다"는 어쩌면 사르트르보다 더 유명한 사르트르의 희곡의 대사이다. 사르트르에게서 타인은 해명 불가능한 존재이며, 그와의 관계는 근본적으로 갈등이다. 반면에 메를로퐁티는 타인과 나는 각자 신체적 존재로서 이미 항상 세계에 속한 존재이다. 즉 뿌리를 공유하고서 각자의 삶을 살아가는 존재이다.

4장에서는 자유에 대한 사르트르와 메를로퐁티의 사유를 살필 것이다. 자유는 철학의 중요한 테마이기도 하지만 실존주의에서는 더욱 중요하다. 실존주의의 관점에서 인간은 완성되지 않은 자유롭고 능동적인 존재이기 때문이다. 사르트르와 메를로퐁티는 자유에 대해 상이한 견해를 제시하는데, 이는 1-3장까지 논의했던 근본적인 차이 때문이다.

5장에서는 둘의 예술론을 비교할 것이다. 사르트르는 희곡과 소설을 다수 발표한 문인이었을뿐더러 문학 비평에도 필력을 아끼지 않았다. 반면 메를로퐁티는 회화에 깊은 관심을 가지고 있었다. 이 차이 또한 두 사람의 철학적 관심사에 따른 것이다. 이러한 비대칭에도 불구하고 두 사람이 남긴 글에서 언어, 문학, 미술에 대한 입장을 찾아 비교를 해 보자.

두 철학자는 같은 시기에 활동했을 뿐만 아니라, 앞서 보았다시피 활동 범위에도 공통적인 부분이 있었다. 철학적으로는 무엇보다도 두 사람이 모두 현상학과 실존주의에 몸담았다는 점이 중요하다. 현상학은 후설에 의해 철학의 새로운 임무로 선언되었으며, 그 임무가 하이데거로 상속되었지만, 하나의 사고형식에서 나아가 삶의 형식으로서 꽃을 피운 것은 프랑스에 온 이후라고 해도 과언이 아니다. 그리고 이 프랑스 현상학을 개시한 것이 사르트르와 메를로퐁티이다.[2] 이런 점에서 이 두 철학자의 사유를 알아보는 것은 현상학에 대한 이해를 넓히는 데 도움이 될 것이다. 한편 이들이 활동한 시기가 전후의 혼란을 딛고, 이전 시기와 단절하면서 현대적 사유가 움트기 시작할 무렵임을 염두에 둔다면, 이들 사유에 내포된 현대 철학적 요소를 발견하는 즐거움도 느낄 수 있을 것이다.

메를로퐁티와 사르트르의 철학 중 일부를 주제로 하여 논문을 쓴 적은 있지만 이렇게 전반적으로 비교할 기회가 생길 줄은 몰랐다. 이런 기회를 주신 세창출판사의 원당희 선생님과 안효희 선생님, 이미선 선생님께 감사드린다. 또한 지면으로 그리고 공개적으로 고백을 할 일은 어쩌면 앞으로는 없을지도 모르기에 범채와 찬서에게도 사랑과 감사의 마음을 밝힌다. 마지막으로 지금 이 문장을 읽고 있는 독자에게 감사드린다. 그럼 이제 시작해 볼까요?

---

2   프랑스 현상학의 선구자로 이 둘만을 꼽을 수는 없다. 이들 보다 앞서 레비나스는 『후설 현상학의 직관론』(1930)을 출판했다. 이 책은 사르트르가 후설에 대해 처음 읽은 책이다.

차례

제1장

존재론과 현상학

1
후설의 영향력

『존재와 무』 그리고 『지각의 현상학』

메를로퐁티는 직업이 철학교수였으나 사르트르는 다양한 장르의 글을 쓰는 작가였다. 이런 점에서 둘의 철학을 비교하는 것은 사르트르로서는 약간 밑지는 것일지도 모르겠다. 그렇지만 분명 사르트르는 다수의 철학책도 발표했는데, 그 중 하나가 『존재와 무』이다. 이 책은 초기 작품이면서 존재론을 담고 있으며 매우 두껍고 어렵지만 명백한 철학책이다. 이 책에 비견될 만한 메를로퐁티의 책은 『지각의 현상학』인데, 이 책 역시 두껍고 어렵다. 그러나 이 책이 존재론을 담고 있다고 말할 수는 없다. 어떤 점에서 그러한지 곧 보게 될 것이다.

『지각의 현상학』을 읽으면 곳곳에서 사르트르의 자취를 느낄 수 있다. 메를로퐁티는 사르트르가 쓴 사례나 주제를 의도적으로 가져와서 글을 썼다. 메를로퐁티는 사르트르의 문제의식에 동의하면서 다른 입장을 제시했다. 이것은 『존재와 무』와 『지각의 현상학』을 비교할 여지로 충분하다. 일단 1장에서는 철학자로서 두 사람의 출발점, 가장 기본적인 문제설정을 비교해 보자.

사르트르와 후설

둘의 출발점에는 공통적인 선배가 한 명 있다(물론 한 명만은 아니지만). 현상학의 창시자인 후설 Edmund Husserl이다. 사르트르는 1933년에 후설에 대해 알게 된다. 고등사범학교 때의 친구인 레이몽 아롱 Raymond Aron이 1년 동안 베를린에서 공부하고 돌아와서 사르트르에게 후설에 대해 이야기해 준 것이다. 그들은 몽파르나스 가에 있는 한 바에서 만났는데, 아롱은 이렇게 말했다고 한다. "이보게, 친구. 자네가 현상학자라면 이 칵테일에 대해서 말할 수 있네. 그리고 그것이 철학이라네!" 그 자리에 있었던 보부아르는 사르트르가 이 말을 듣고 흥분하여 창백해졌다고 술회한다. 자리가 파하고 사르트르는 곧장 서점으로 가서 레비나스가 쓴 후설에 대한 책을 구입했고, 곧 베를린 프랑스 연구소에 가서 1년 동안 후설에 관한 연구에 전념했다. 『존재와 무』는 바로 이 베를린 시기부터 구상되기 시작했을 것으로 보인다. 1936년에 출판된 『상상력』과 이후 몇 편의 철학 논문은 『존재와 무』가 집필 되기 이전과 도중에 사르트르가 후설의 영향력 아래에 있었음을 여실히 보여준다.

메를로퐁티와 후설

메를로퐁티가 후설을 알게 된 것은 고등사범학교 재학 시절이다. 고등사범학교에서 그는 조르주 귀르비치Georges Gurvitch의 현상학 강의를 들었고, 1929년에 파리에서 열린 후설의 강의를 직접 듣기도 했다. 그러나 본격적으로 현상학의 길에 들어선 것은 후설이 작고한 직후인 1930년대 말이다. 후설 사후 1939년에 발표된 논문을 읽고 깊은 감명을 받은 메를로퐁티는 루뱅에 있는 후설의 아카이브를 방문하여, 후설의 저작을 심도있게 연구했다고 한다. 1939년이면 독일은 나치의 치하에 있을 때이고, 후설이 작고한 지 얼마되지 않았을 때였다. 후설로부터 메를로퐁티가 받은 영향은 단순하게 말하기 어렵다. 메를로퐁티는 후설 뿐만 아니라, 칸트, 헤겔, 베르크손 등의 영향을 받았다. 뿐만 아니라 마르크스주의, 게슈탈트 이론, 아동 심리및 교육학 등에도 조예가 깊었다. 이 모든 것이 메를로퐁티의 고유한 사상의 토대가 되었다. 어쨌든 메를로퐁티는 철학자인 한 현상학자였다.

인식에 대한 표상주의적 가정

후설은 『이념들 I』에서 "현상학의 일반주제라고 일컬을 수 있는 것은 지향성"[1]이라고 천명했다. 사르트르와 메를로퐁티 모두 자신

---

1   에드문트 후설, 『순수현상학과 현상학적 철학의 이념들 1』, 이종훈 역, 파주; 한길사, 2009, p.275.

의 저서의 도입 부분에서 지향성을 논한다. 지향성이란 무엇이며 어떤 점에서 중요한가? 일단 이 용어는 인식론이라는 철학의 한 부분과 관련된다. 우리의 인식은 어떻게 가능한가? 이 물음을 다른 식으로 표현할 수도 있다. 의식과 의식의 대상은 어떻게 만나는가? 우리 머릿속의 의식 내용은 밖에 있는 의식 대상과는 다르다. 의식 내용은 어떻게 형성되는 것인가? 플라톤은 우리 지성의 탁월한 능력이 인식의 가능성이며 근원이라고 주장한다. 교육을 받지 못한 노예 아이에게도 삼각형이나 원이 무엇인지를 가르칠 수 있는데, 이것이 가능한 이유는 우리의 지성에는 삼각형이나 원에 대한 관념이 이미 있기 때문이다. 기본적으로 이미 가지고 있는 관념이 인식의 원천이라고 파악하는 것이다. 이러한 입장을 인식론에서의 관념론이라고 한다. 흄과 같은 근대 서양의 경험론자들은 우리 의식의 내용 즉 관념은 외부에서 유래하는 감각인상을 근거로 형성되는 것이지 가지고 태어나는 것이 아니라고 주장한다. 칸트는 관념론과 경험론을 비판적으로 종합했다. 외부의 사물들은 그것을 인식하는 인간과는 무관하게 있다. 단지 인간에게 어떠 어떠하게 나타날 뿐이다. 즉 현상할 뿐이다. 현상은 사물 자체가 아니다. 인간은 인간만의 인식적 조건을 가지고 대상을 인식하는데 이 대상은 현상으로서의 대상이다. 이러한 만남의 결과가 표상Vorstellungen, representation이다. 이런 점에서 표상주의란 "세계 내에서 사물들을 기술하거나 묘사하는 기능을 하는 내적 정신적 상응물을 정립함으로써 의식의 직접성을 분석하고 설명하기를 추구"[2]하는 입장이라고 말할 수 있을 것이다. 그런데 따지고 보면 칸트만이 표상주의인 것은 아니라 관념론과 경험론도 결국은 표상주의이다. 왜냐하면 가지고 태어난 관념에 의해서 형성되었든 감각인상으로부터 형성되었든 간에 인식의 내용물로서의 관념 또는 표상을 인정한다는 점에서는 마찬가지이며, 이 관념 또는 표상은 외적 대상에 상응하고, 세계에 대한 우리의 지식을 표현한다고 가정하는 것 역시 마찬가지이기 때문이다. 비유하자면 즉 표상은 외적 세계와 마음 내에 놓여진 다리이다. 그렇다면 이런 가정 아래 이 다리가 어떻게 놓이는지, 다시 말해 표상이 어떻게 만들어지는지, 그것이 어떻게 외부 대상과 일치 또는 상응할지가 모두 해명된다면 인식론의 모든 물음에 답이 될 것이다.

후설의 "지향성"

그러나 이것이 유일한 물음의 방식일까? 말하자면 다리, 매개자, 중개자 없이 내적 관념과 외적 대상이 직접 만난다고 설명할 수는 없을까? 후설은 지향성 이론을 통해 전례없는 방식을 제시했다. 의식의 지향성이란 우리가 의식을 할 때, 항상 '-에 대해' 의식을 한다는 사실을 의미한다. '-'에 올 대상이 없는 의식이 있는지 가만히 생각해 보자. 내가 곧 먹을 저녁 식사에 대해 생각할 때 내 의식의 대상은 저녁 식사이며, 내가 수업이 지루하다고 의식할 때 지루한 수

---

2   T. Carman · M. B. N. Hansen, "introduction," *The Cambridge Companion to Merleau-Ponty*, Cambridge University Press, 2005, p.6.

업이 의식의 대상이 될 것이다. 이처럼 대상이 없는 의식은 생각하기 어렵다. 의식은 항상 대상에 의존하고 있는 것이다. 그러므로 의식과 대상은 불가분인 구조를 이루고 있다고 결론 내릴 수 있다. 또한 의식과 대상이 지향적 관계를 맺고 있다는 것은 둘의 이원론이 더 이상 성립하지 않는다는 것을 의미한다.

의식은 '-이 -에게 나타난다'라는 이중구조로 되어 있다. 후설의 용어로 표현하자면 의식은 "노에시스"와 "노에마"의 상관구조로 되어 있다. 노에마는 의식내용을 의미하고 노에시스는 의식작용을 의미한다. 즉 노에시스는 주체가 대상을 형성하는 작용이다. 노에시스는 의식이 대상을 주목하고, 파악하며, 이전의 대상을 기억 속에 떠올려 그 대상과의 연관성을 파악하고 확신하거나 평가하는 등의 작용이다. 이러한 작용을 통해 노에마가 구성된다. 노에마는 실재하는 대상이 아니라, 노에시스를 통해 구성한 의미체이다. 그런데 현상학적 운동의 차원에서 후설에게 중요한 것은 노에마가 아니라 노에시스이다. 후설의 철학적 포부는 모든 인식, 지식, 학문의 궁극적 원천을 찾는 것이다. 그 원천은 거칠게 말해 주관성이다.

지향성의 현상학적 중요성

여기에서 다소 어려운 철학용어를 하나 짚고 가야겠다. 초월적 transcendental(영어·불어), transzendental(독어)이 그것이다. 이 단어는 칸트의 정의 이후, '모든 경험에 선행하면서도(즉 선험적이면서도), 오직 경험 인식을 가능하도록 하는 데에만 쓰이도록 정해져 있는 어떤 것'을 의미하기 위해 사용한다. 예컨대 우리가 칠판을 보고 있다고 하자. 초록색이며 매끈하고 딱딱한 표면인가? 초록색이라든가, 매끈하다든가, 딱딱하다는 성질을 우리는 어떻게 아는가? 우리에게 그렇게 나타났기 때문이다. 그런데 색이나 촉감 등의 분류 자체, 즉 범주는 현상에 속하는 것이 아니라 인식 주관의 능력에 속하는 것이다. 이처럼 경험 영역에 속하는 것이 아니면서, 경험 영역을 인식하게 하는 조건이라는 의미로, '초월적'이라는 단어를 쓴다. 후설에게서는 '초월적'은 초월적인 것, 즉 의식에 대한 근거짓기라는 의미로 쓰인다. 그러므로 후설의 철학적 포부, 즉 모든 인식의 궁극적 원천찾기는 곧 초월적 주관성의 해명에 다름아니다. 후설은 이러한 작업은 데카르트의 인식의 원천으로서의 주체성에 대한 성찰을 잇는 것으로 자리매김한다. 현상학은 초월적 주관성의 해명을 통해 모든 인식의 궁극적 원천으로 되돌아가려는 철학적 운동이며, 이로써 자신과 자신의 삶 자체를 근본적으로 성찰하는 운동이다.

사르트르와 메를로퐁티가 보여주는 것처럼 지향성 개념은 현상학에 있어서 중요한 개념이다. 의식이 지향적 구조로 이루어져 있다는 것은 의식과 그 대상이 불가분임을 의미한다. 의식이 있을 때만 의식의 대상은 있을 수 있고 마찬가지로 대상 없는 의식도 없다. 그리고 의식의 대상, 즉 노에마는 구성된 의미체이지, 외재적 존재자가 아니다. 그러므로 "현상, 즉 의식에 주어진 대상에 대해 말하는 것은 곧 그 대상의 존재 방식을 기술하는 일과 동일하다. 앞서 말했듯 대상은 의식에 주어지는 방식대로 존재하니까 말이다. 따라서 현상을 제대로 기술한다면, 우리는 대상의 참다운 존재 양식을 가능케 하는 대상의 '본질'에 도달할 수 있게 된다."[3] 현상을 기술함으로써 대상의 본질에 도달하는 것을 후설은 "환원" 또는 "본질직관"이라는 용어로 기술했다. 본질직관은 현상학의 목적이다. 『존재와 무』와 『지각의 현상학』은 둘 다 바로 이 지점에서 출발한다.

2
사르트르의 『존재와 무』

1) 존재론적 기획 의도

현상의 일원론

다시 말하지만 사르트르와 메를로퐁티 둘 다 그 시작에는 후설이 있었다. 그리고 후설의 현상학적 기획을 완성시키는 것 또한 둘의 공통적인 목적이었다. 그러나 사르트르가 "후설이 우리의 거리감과 우정을 동시에 발전시켰던 셈이다"[4]라고 후술한 것과 같이 두 사람

---

3 서동욱, 「네이버 지식백과, 메를로 퐁티」, http://terms.naver.com/entry.nhn?docId=3571186&cid=59056&categoryId=59056.
4 장 폴 사르트르, 『시대의 초상, 사르트르가 만난 전환기의 사람들』, 윤정임 옮김, 생각의 나무, 2009, p.229.

은 다른 목표를 추구하는데, 어떻게 다른지 지금부터 보려고 한다. 먼저 사르트르의 이야기부터 들어보자.

『존재와 무』는 다음과 같은 문장으로 시작한다. "현대의 사유는 존재자를 드러내는 현출의 계열로 환원시킴으로써 사유의 진보를 실현했다. 이로 인해 철학에 난제를 주었던 몇몇 이원론을 극복하고, 그것을 현상의 일원론으로 대체하고자 했다. 과연 이것은 성공했는가?"[5] 여기에서 현대의 사유란 현상학을 말하는 것이다. 이 문장에서 사르트르는 현상학에 대한 간단한 정의를 제시하고 있다. 현상학은 존재자l'existant, the existent를 그것을 드러내는 현출의 계열로 환원시킨다. 현출의 계열은 현상학적 전통에 따라 번역한 표현이지만 쉽게 말하자면 나타남의 연속series of appearances이라고 할 수 있다. 이 문장의 의미는 무엇인가? 뭔가를 지각할 때를 떠올려 보면 어떤가? 시선이 무언가에 닿았다. 즉 무언가가 내 시선에 나타났다 출현했다. 그것은 다른 것들과 시공간적으로 주욱 연결되어 있다. 위의 인용문에서 사르트르는 현상학은 존재하는 것을 지각하는 당신의 시선에 닿은 것들, 현출의 계열로 환원했는데, 이것으로 이원론을 극복하고 현상의 일원론을 만드는데 성공했냐고 묻는다. 그리고 그는 본질과 현상을 대립시키는 종류의 이원론은 극복되었다고 자답

---

[5] J-p.Sartre, *L'être et le néant, Essai d'ontologie phénoménologique,* Paris, Gallimard, 1943, p.11; 『존재와 무』, 정소정 옮김, 서울, 동서문화사, 2010, p.11. 이후 본문에 (*EN.*, 11/11)로 표기한다. /의 앞은 불어판, 뒤는 한국어판이다. 번역 일부를 인용자가 수정했으나 일일이 표시하지는 않았다.

한다. 철학사에는 본질과 현상을 대립시키는 전통이 있었다. 플라톤주의가 그 중 하나인데 이 입장은 현상, 즉 눈 앞에 나타난 겉모습은 본모습을 다 드러내주지 않기에 결국 일종의 가상이고, 감각으로 파악할 수 있는 겉모습, 즉 현상 너머에 본모습, 본질이 있다고 가정한다. 사르트르는 후설의 현상학이 본질과 나타남이라는 이원적 구도를 깨고 본질이 곧 나타남임을 보였다고 말하는 것이다.

현상의 존재

그는 이어서 문제는 현상의 일원론이 다른 종류의 이원론을 만들었다는 것이라고 말한다. 예를 들어 내가 지금 숲 속에서 나무 한그루를 보고 있다. 나무는 올려 볼 수도 있고, 조금 옆에 가서 볼 수도 있고, 한 가지만 집중해서 볼 수도 있다. 한 시간 후에 다시 볼 수도 있고, 그렇지 않고 계속 보더라도 보는 동안 시간은 계속 흐른다. 즉 현출은 원리상 무한히 다양하며, 아무리 오랫동안 나무를 보더라도 모든 현출을 볼 수는 없다. 현출은 무한하며 무한함을 원리로 하여 현출은 일어난다. 그러나 우리가 경험하는 현출은 유한하다. 이것을 사르트르는 "유한한 것과 무한한 것의 이원론"(*EN*., 13/13)이라고 말한다. 이 이원론의 문제는 무엇인가? 여기서 유한한 것은, 현출의 유한함을 말하는 것으로 지각자 또는 주체에게는 현출이 한계가 있다는 것이다. 반면 무한한 것은 지각되는 것이다. 현출 쪽에서 보자면 한계는 없다. 그러니 우리가 지각하는 현출은 곧 "유한한 것 속의 무한함"(*EN*., 13/14)이라 할 것이다. 여기서 사르트르는 제기한다. "그 모든 밑바탕에 있는 유일한 이원론으로 온갖 종류의 대립을 대체했는데, 그렇게 함으로써 우리는 과연 이득을 본 것일까? 손해를 본 것일까? … 만일 현출의 본질이 그 어떤 존재와도 대립하지 않은 출현이라면, 이 출현의 존재가 당연히 문제가 된다. 이 문제는 이 책에서 우리를 장악하는 것이고, 존재와 무에 대한 우리의 탐구들에 있어 출발점이 될 것이다"(*EN.*, 14/15, 강조는 원문). 요컨대 사르트르가 밝히고 있는 『존재와 무』의 주제는 출현, 나타남, 현상의 존재이다. 내가 방 밖으로 나가거나 보지 않거나 하는 것과 상관없이 이 방과 그 안의 사물들은 그대로 있을 것이 틀림없다. 사물이 실재하는 것은 확실해 보인다. 그런데 그 확실성의 근거는 무엇인가? 사르트르에 따르면 사물의 실재성의 근거는 현상의 객관성이고, 현상의 객관성은 현상의 무한성에 근거한다(*EN.*, 13/14). 그러므로 사물의 실재성을 원리상 확실히 하려면 ―이것이 존재론의 목적일텐데― 출현의 존재를 해명해야 한다.

그렇다면 출현의 존재 다시 말해 현상의 존재란 무엇을 말하는가? 그것은 "하나의 개시된 것이고, 하나의 나타남이다. 그것은 이런 것으로서 이번에는 그것이 자신을 개시할 수 있기 위한, 근거가 되는 하나의 존재를 필요로 한다"(*EN.*, 15/17). 또한 "우리가 갖는 인식의 밖으로 넘쳐흐르는 것이고 인식의 근거를 이루는 것(*EN.*, 16/18)이다." 우리는 이렇게 현상의 존재를 이해할 수 있다. 그것은 나타남 자체이며 나타나는 것의 존재이며 인식의 근거이다. (나무의) 어떠한 면이 계열로서 나에게 현출한다. 나에게 나타남이 곧 현상이다. 그리고 그 현상은 자신의 존재를 드러낸다. 그 배후나 너머에 비감각적인 무언가가 따로 있는 것이 아니다. 또한 우리의 (나무 등의) 인식의 근거 역시 일차적으로 현상이다. "사르트르의 관심은 일체의 현상에서 존재를 찾아 내어 확립하고, 그 존재의 구조와 성격을 존재론적으로 밝히는 데 있다."[6]

현상에서 존재를 찾아낸다는 것이 그렇게 대단한 것일까? 내게 보인 것이 있는데, 거기에 소나무가 진짜 있다는 것이 그렇게 놀라운 일이란 말인가? 서양철학자들은 오랫동안 이것을 확신하기 위해 애써왔다. '경험으로 알 수 있잖아요?'라고 묻는다면 그들은 대답할 것이다. '어떤 이치reason로 그런 경험을 하는지 말해 보렴.' 우리는 나와 무관하게 사물들이 실재하고 있다는 확신을 가지고 일상을 살아간다. 그렇지만 외재적 사물들의 실재성을 철학적으로 해명하는 것은 쉽지 않다. 데카르트에 따르면 우리가 확신할 수 있는 것은 '내가 지금 소나무를 보고 있어'라고 '생각'을 한다는 것이다. 그는 의식의 대상은 관념으로서만 확실하지, 외재적 사물을 직접 확신할 방식은 없다고 결론 내렸다. 칸트는 우리가 경험할 수 있는 것은 현상일 뿐이며 사물 자체는 인식할 수 없다고 결론 내렸다.

우리가 나무를 볼 때, 나무의 현상은 계열의 한마디로서 현출한다. 실재는 결코 한번에 전체로 주어지지 않는다. 그렇다면 실재의 의미는 이런 것이다. "실재는 사물들의 성질이 아니다. 칸트가 말했

[6]   조광제, 『존재의 충만, 간극의 현존 1』, 서울, 그린비, 2013, p.56.

듯이 실재는 술어가 아니고 오히려 하나의 현상이 하나의 현상계열에 속한다는 사실이다. 그래서 무엇인가 실재한다고 말하는 것은 누군가 그 시간에 의식하거나 또는 어느 시간에 의식할 수 있는 것 이상이 그 무엇에 있다고 말하는 것이나 다름 없다. 실재는 단순히 계열의 원리일 뿐 그 자체가 그 계열의 한 구성원이 아니다."[7] 실재는 그 자체를 현상하지는 않는다. 이런 의미에서 실재는 "초현상적인 것"이다. 사르트르는 사물의 실재성, 현상하는 것의 존재를 현출의 계열로 환원하는 방식에 분명히 반대한다.

현상학적 존재론

요약컨대, 사르트르는 『존재와 무』에서 현상학적인 존재론을 만들고자 한다. 아닌 게 아니라 『존재와 무』의 부제는 "현상학적 존재론의 시론"이다. 의식의 지향성 개념에 대해 그는 이렇게 말한다. "의식은 무엇인가에 대한de 의식이다. 이것은 초월이 의식의 구성적 구조라는 것, 즉 의식은 자기가 아닌 존재를 목표로 해서 태어난다는 것을 의미한다. 이것이 우리가 존재론적인 증거라 부를 것이다"(EN., 28/34, 강조는 원문). 의식의 지향성으로부터 의식의 목표가 추론된다. 의식은 초월하기 위해 있다. 의식은 자신 밖의 존재로 나아가는 한에서 의식이다. 다시 말하면 존재는 의식에게 포착된다. 그러나 "의식을 위한 존재는 없다"(EN., 29/34). 다시 말해 '의식은 무엇

---

[7]   아더 단토, 『사르트르의 철학』, 신오현 옮김, 서울, 민음사, 1985, p.73.

인가에 대한 의식'이나 이것이 '무언가는 의식을 위해 있다'를 의미하지는 않는다. 사르트르는 존재의 의식과 독립성을 견지한다. 이를 달리 표현하면 "현상의 존재는 초현상적이다"(*EN.*, 26/32). 현상은 의식과의 연관 속에서만 있지만, 현상하는 존재는 의식을 벗어나 있다. 존재는 결코 의식이 아니다. 사르트르는 노에마를 노에시스의 상관물로 보는 후설의 사유는 결국 존재를 지각되는 것에 환원시키고만 것이라고 비판한다. 의식이 무엇에 대한 의식이라면, 의식은 그 무엇에 어떻게 "도움을 받는지"(*EN.*, 28/34)를 밝혀야 한다. 이 관계 즉 의식과 존재의 관계를 현상학적으로 기술하는 것, 그것이 곧 "현상학적 존재론"이다. 사르트르는 후설을 존경하고 많은 영향을 받았지만 후설의 충실한 독자로 남지는 않았다. 사르트르로서는 후설의 현상학은 나무를 의식으로 환원시킴으로써 여전히 이 '나무'를 저기 배경이라는 장소에 있게끔 하지 못했다는 한계를 지니며 이 한계로부터 현상학을 구출하여 존재론으로 완성해야 할 과제가 남아있다고 본 것이다.[8]

2) 존재와 무

무화작용

자, 이제 본격적으로 사르트르 존재론의 핵심으로 들어가 보자.

---

[8]   이 부분에 대해서 만큼은 사르트르와 하이데거는 일치하는 입장일 것이다.

이러한 『존재와 무』의 서론을 잇는 본론에서 사르트르의 핵심은 더이상 현상이 아니라 존재이다. 앞서 보았듯 존재는 의식이 아니며, 의식은 존재가 아니다. 즉 의식은 무이다. "존재"는 어떻게 규정하며, "무"는 어떻게 규정하는가? 존재와 무는 완전히 독립적인가, 아니면 연관을 맺고 있는 것인가? 일단 물음 자체가 거대해 보인다. 사르트르의 서술을 착실히 따라가기 위해 "무화작용néantisation"에 대한 그의 서술부터 들어보자.

사르트르는 카페에 들어가서 만나기로 한 피에르를 찾으려고 둘러본다. 이때 테이블, 계산대, 카페 종업원, 다른 손님들 등에 시선이 닿았다가 되돌아 온다. 카페의 벽이 현출되었다가 배경으로 물러나고, 종업원이 현출되었다가 배경으로 물러나고 한 끝에 '그는 아직 안 왔군'하는 판단이 내려진다. 이 물러난 벽이나 종업원은 "아무것도 아닌 것으로서 미끄러지는 무"(*EN.*, 44/58)이다. 피에르 또한 또 다른 무이다. '이건 피에르가 아니네' '저것도 피에르가 아니네' 등 피에르 역시 무로서 제거되고 있다. 이렇게 이중의 무화작용를 근거로 '피에르는 여기 없다'라는 부정판단이 내려진다. 정리하자면 이중의 무화작용이 있는데 하나는 의식이 자기 자신을 벗어나는 것, 즉 의식이 자신을 무화시키는 것이며, 또 다른 하나는 의식이 자신을 벗어나 외부의 대상을 지향했다가 그것을 기각시켜 무로 만드는 외적 대상에 대한 무화작용이다. 그러므로 의식은 무화작용을 통해 스스로를 초월해서 외부의 사물 존재와 관계를 맺는다.

그런데 의식은 앞서 보았다시피 항상 자기 밖의 대상을 지향함으

로써 있다. 여기서 '있다'는 영어로는 exist에 해당하는 것임을 염두
할 필요가 있다. exist는 어원상 '바깥으로ex', '나오게 하다sist'를 의미
한다. 의식은 밖으로 나와(서만) 있다. 의식은 그 자체로는 아무 것
도 아니다. 의식은 무이며, 무화하는 작용일 뿐이다. 이렇게 우리는
'존재와 무'에서 '무'를 조금이나마 이해한 셈이다. 존재와 무는 모순
개념으로 보인다. 논리학에서 모순 개념은 서로를 부정하는 관계에
있는 개념을 뜻한다. 존재와 무가 모순 개념이라면 존재가 아닌 것
이 무이고 무가 아닌 것은 존재라고 봐야 한다. 그렇다면 내포 상으
로는 다르지만 외연 상으로는 같은 것인 의식과 무는 존재가 아닌
것이라고 결론 내려야 할 것이다. 그러나 이것이 존재론의 최종 결
론은 아니다.

　사르트르의 설명에 따르면 무는 밖에서 존재의 세계로 들어갔다.
존재 안에는 존재를 비존재로 만드는 그 무엇도 있지 않다. 그 자체
무, 존재가 아닌 것이 존재의 세계에 무를 가져온다. "무를 세계에
오게 하는 존재는 그 존재 자신의 무가 아니면 안 된다"(*EN.*, 57/75).
그렇다면 물음은 수정해야 한다. 무는 어디에서 오는가? 무화작용
을 하는 존재, 세계에 무를 가져오는 존재는 무엇인가? 그렇다. 그
것은 인간이다. 인간은 존재의 세계에 포함되는 하나의 존재자이
다. 그런데 "존재는 존재밖에 낳을 수 없는데"(*EN.*, 59/77), 특별히 인
간이라는 존재는 존재이면서 자기 자신이라는 존재와 외부 사물이
라는 존재를 무화할 수 있다. 여기서 무화한다는 것은 내가 눈 앞
에 있는 볼펜을 없앨 수 있다는 것이 아니다. 인간이 할 수 있는 것

은 그 볼펜과 나와의 관계를 바꾸는 것이다. 나는 볼펜을 주시하면서 볼펜에 대해 이렇게 생각할 수도 있고, 저렇게 들고 쓸 수도 있으며, 볼펜에 대해 생각을 하지 않을 수도 있다. 이렇게 인간은 존재자로부터 "탈출"하여 "스스로 '무의 저편'으로 물러갈 수 있다"(EN., 59/77).

즉자존재

지금까지 존재는 무화작용을 하는 존재와 그렇지 않은 존재로 나뉜다는 것을 이야기하였다. 사르트르는 전자를 대자존재l'être-pour-soi, being-for-itself, 후자를 즉자존재l'être-en-soi, being-in-itself라는 용어로 칭한다. 즉자존재는 그 자체로 있는 존재, 그냥 거기에 그대로 있기만 한 존재이다. 사르트르는 즉자존재에게 종종 '덩어리ensemble'라는 표현을 써서 즉자존재의 충만함plein을 강조하곤 한다. 즉자존재에는 틈이 없다. 저 돌멩이가 그렇듯 즉자존재는 그것 안에 어떤 다른 것도 포함하지 않고 있으며, 그럴 여지도 가지고 있지 않다. 또한 즉자존재는 자신 외의 어떤 것과 관계를 맺을 수도 없다.

대자존재

반면에 대자존재는 자기 자신에 '대해' 자기 자신을 '향해' 존재한다. 인간은 자기 자신을 반성할 수 있다. '아, 너무 먹었어. 또 살이 찌겠어'라고 생각할 때, 너무 많이 먹고 있던 과거의 자신을 대상으로 삼아 회고·반성을 하고 있으며, 앞으로 올 자신에 대해서도 예상 하고 있다. 대자존재는 이처럼 자신을 대상으로 삼을 수 있으며 자신으로부터 물러날 수도 있고 시간의 흐름을 갖기도 하는 존재이다. 사르트르는 대자존재를 "현재 있는 것으로 있지 않는 존재l'être qui n'est pas ce qu'il est", "현재 있지 않는 것으로 있는 존재l'être qui est ce qu'il n'est pas"로 서술하기도 한다. 책을 딱 덮어버리게 하는 표현이지만 두 세 번 읽으면 모를 것도 없다. 볼펜은 스스로 색을 바꾸거나 잉크를 없애거나 할 수 없으며 그럴려는 생각도 갖지 않는다. 사물존재, 즉자존재는 그렇다. 하지만 대자존재는 살을 더 빼기로 결심할 수도 있고, 실제로 살을 뺄 수도 있다. 식사량을 줄이겠다고 결심하는 대자존재는 이미 감량의 과정에 들어선 것이고 언젠가 계획한 만큼 감량을 할 것이다. 이처럼 대자존재는 현재 있는 것(살찐 사람)과는 다르게 있는 존재(날씬한 사람)이자, 현재에는 아직 아닌 날씬한 사람으로 있게 될 존재이다.

그런데 이러한 대자존재의 특성은 의식의 특성이기도 하다. 의식은 그 자체로는 아무것도 아니다. 이러한 생각은 다음과 같은 점에서 데카르트의 사유와 대조적이다. 데카르트는 물체와 정신을 실체로 보았다. 여기서 실체란 그 어떤 다른 것에도 의존하지 않고 그 자체로 존재하는 것을 의미한다. 정신이란 생각함을 그 성질로 하는 것이며, 인간은 생각하는 존재, 즉 정신이라는 것이 데카르트의 주장이다. 그런데 사르트르는 의식은 그 자체로 무언가가 아니라고 말한다. 즉 의식은 실체가 아니다. 의식은 지향적 구조로 있다. 의식은 그것이 지향하는 외재적 대상에 의존한다. 의식은 지향할 때,

자신을 초월할 때, 자신으로부터 물러나고 무화할 때 있다exist. 자신을 부정함으로써 성립하는 존재인 대자존재의 특성은 의식의 특성이기도 하다.

사르트르는 이렇게도 표현한다. 대자존재는 "존재의 결핍défaut d'être"이자 "결여manque"이다. 대자존재에는 뭔가 빠져 있다는 것이다. 즉자존재는 꽉 찬 존재라고 말했었다. 반면에 의식은 자신 내에 뭔가를 가지고 있지 않고, 외부의 지향된 대상을 가지고 자신을 채워야 실재적인 의식이 된다. 의식의 이러한 특성과 대자존재의 특성은 일치한다. 그렇다면 대자존재가 결여하고 있는 것은 무엇인가? 그것은 자기 내지는 즉자로서의 자기 자신이다. 즉자로서의 자신이라 함은 생각하고 있는 나가 아니라 생각의 대상이 된 나, 위의 예에서라면 '날씬해질 나'이다. 날씬해질 나를 생각하는 나는 날씬해진 나가 아니며, 날씬해진 나에 도달하지도 않았으며, 날씬한 나를 가지고 있지 않다. 즉 결여하고 있다. 대자pour-soi가 결여하고 있는 것은 자기soi이다. 대자는 자기에 '대해서pour'이다.

그러면 내가 원했던 만큼 날씬해졌을 때에 대자존재는 즉자존재로서의 자신이 된 것인가? 대자존재의 목표는 즉자존재인가? 원리상 그렇지 않다. 대자존재와 즉자존재는 결코 종합할 수 없다. 들던 예로 계속 이야기하자면 '날씬해진 나'와 아직 '날씬하지 않은 나'가 각각 즉자이거나 대자인 것이 아니다. 지금의 나는 즉자로서의 나이며, 그것을 마주하고 있는 나는 대자로서의 나이다. 인간은 시간의 흐름 속에서 새로운 나를 향해 노력하고, 새로운 나를 기왕의 나로 만든다. 이런 의미에서 대자존재는 가능존재이다. "대자가 '자기'로 있기 '위해서' 결여하고 있는 '바로 그 부분'"(EN., 139/197), 그것이 바로 가능이다. 이런 점에서 "인간존재의 의미를 이루는 것은 결여를 입는 '즉자존재로서의-자기'이다"(EN., 125/177). 사르트르는 인간의 가능성을 인식의 차원 등이 아니라 인간이라는 존재 자체로부터 존재론적 차원에서 설명하고 있는 것이다. 대자가 즉자인 자기를 위해/대해/마주해 있다는 것은 대자가 즉자를 항상 향하고 있으며 일치하려고 한다는 것을 의미한다. 그러나 이는 원리상 불가능하다. "인간-실재는 자기와의 일치를 향한 끊임없는 초월이지만, 이런 일치는 영원히 주어지지 않는다"(EN., 125/179). 대자존재는 초월하는 한 대자존재이기에 즉자와의 종합은 원리상 불가능하기 때문이다. 그럼에도 대자존재는 즉자인 자기와 일치하려고 한다. 이와 같은 대자의 노력을 "기투se projeter"라고 한다. 앞으로 자신을 던지는 것이다. 기투와 가능성은 4장에서 실존 및 자유와 함께 논의하자.

의식의 이중적 구조

지금까지 우리는 무화작용에서 시작하여, 무와 존재, 대자존재와 즉자존재에 대한 사르트르의 설명을 들었다. 사르트르는 의식을 이렇게 규정한다. "후설이 보여 준 것에 의하면, 모든 의식은 '무엇인가에 관한' 의식이다. 그것은 초월적 대상의 정립이 아닌 그런 의식은 존재하지 않는다는 것을 뜻한다. 또는 이렇게 말해도 된다면 의식은 뭔가의 내용을 가지지 않는다는 것이다"(*EN.*, 17/20). 역시 의식의 지향적 구조에 대한 이야기이지만, 이 인용문에서 주목할 부분은 '관한'과 '대상의 정립'이다. '관한'은 전치사 de(영어로는 of)를 번역한 것이다. 의식은 지향적 구조로 되어 있기 때문에 반드시 의식이 닿는 대상이 있다. 의식의 지향성은 '-에 관한 의식consicience de-'으로 표현된다. 의식을 하는 한, "나는 지금 사르트르'에 대해' 생각[의식]하고 있다"는 식으로 의식을 하는 것이다. 그런데 내가 골몰해 있을 때를 생각해 보자. 사르트르가 드는 예는 골몰해서 담배를 세고 있는 경우이다. 이 때, 누가 갑자기 뭘 하냐고 묻는다면, '난 지금 담배를 세고 있어'라고 대답을 할 것인데, 담배'를' 의식한다는 것은 곧 담배를 의식의 대상으로 정립하는 것과 같다. 그런데 갑작스런 질문에 답을 하느라고 '가만 있자 내가 뭘하고 있더라 아, 담배를 세고 있었지'라고 한다면 나는 담배를 세고 있던 나를 의식의 대상으로 정립한 것이다. 지금의 '나'는 잠시 전 몰두하여 세고 있을 때에는 의식의 대상이 아니었다. 내가 무언가를 의식의 대상으로 정립하고 있을 때, 나는 나에 대해서는 의식하지 않는다. 세고 있는 나는 인식되지 않는다. 그러므로 어떤 것을 인식한다는 것은 대상을 정립하는 것이면서 동시에 그 자신을 비정립적으로 인식하는 이중의 활동이다. 두 번째 의식은 대상이 없다. 인식하고 있는 나를 정립하여 나'에 대해' 의식한 것이 아니다. 사르트르는 비정립적인 의식을 "자기(에 관한) 의식"이라고 부른다. 요약하자면, "대상에 대한 모든 정립적 의식은 동시에 그 자신에 대한 비정립적인 의식이다"(*EN.*, 19/22). 그렇기 때문에 자기는 즉자존재이다. 여기에서 자기는 반성된, 정립된 의식의 대상이라 그렇다.

의식의 비인격성

자아를 대상으로 삼는 의식의 활동을 특별히 반성이라 부를 수 있다. '나는 세고 있었다'라는 회고적인 반성에서만 '자아'는 발생하는 것이다.[9] 자기의식은 자기'에 대한' 의식도 아니고 자기'의' 의식도 아니다. 이러한 의식은 비반성적, 선반성적 의식이며, 지향적 대상도 주체도 없다는 점에서 누군가의 것이 아닌 의식, 즉 익명적인 의식, 비인격적 의식이다. 의식은 누군가의 의식일 수 밖에 없다는 것은 검토할 필요도 없이 당연한 생각처럼 보이지만 사르트르는 그렇지 않은 의식도 있다고 말하는 것이다. 사르트르가 쓴 소설 『구토』의 주인공 로캉탱은 이렇게 말한다. "아무도 더 이상 의식 속에 거주하지 않는다. 조금 전까지만 해도 어떤 사람이 '나'라고 말했다. '나의' 의식이라고 말했다. 누가? … 지금은 익명적인 의식만이 남아 있다. 여기 있는 것은 … 비인격적인 투명뿐이다."[10] "의식은 그 안에 거주하고 있던 사람으로부터 벗어나 있으며 그것은 사람이 아니므

---

[9] 사르트르는 대자존재와 관련해서는 주로 자기(soi)라는 단어를 쓰지만, 즉자존재로서의 면을 강조할 때는 자아(ego)라는 단어를 주로 쓰는 편이다. 일반적으로 영어와 불어에서 soi/self는 재귀적으로, ego는 목적어로 쓰는 용법과 관련된다. 그러나 사르트르에게서 자기와 자아가 까다롭게 구분되어 설명되는 것은 아니므로 둘 다 '나'로 이해해도 무리가 없어 보인다.

[10] 장 폴 사르트르, 『구토』, 방곤 옮김, 서울, 문예출판사, 1999, p.317.

로 괴물이다."[11] 이러한 사유의 철학사적 의의는 데카르트와 비교하면 뚜렷해진다. 데카르트의 유명한 명제, "나는 생각한다, 고로 존재한다"를 보자. 생각을 하는 한, 나의 존재는 확실하다. 의식과 자아가 일치하는 것이다. 그리고 이 '생각하는 나'가 확실한 앎의 토대이다. 데카르트 이후 근대 관념론은 자아와 의식을 근본적으로 같은 것으로 보았다. 의식은 늘 '나의 의식'이었다. 그런데 익명적·비인격적·선반성적 의식에 대한 사르트르의 사유는 자아와 의식은 하나도 아니며 교환 가능하지도 않다는 것을 밝힌 것이다. 선반성적 의식을 발견함으로써 사르트르는 지향성 개념과 초월적 주체에 대한 후설의 사유를 넘어 고유한 사상을 펼치고 있을 뿐만 아니라 데카르트 이후의 근대철학의 인간관에 변화를 가져왔다. 이제 "자아, 세계 안에서 인격이나 성격 같은 특정한 내용을 가지고 살아가는 '인간'은 근본적인 비인격적이고 익명적 의식의 반성적 활동에 의해 이차적으로 만들어지는 결과물의 지위를 가진다."[12]

의식과 대자존재

마지막으로 여러 번 동등한 자격으로 기술되었던 의식과 대자존재에 대해 정리하자. 앞에서 무를 세계에 가져오는 것은 특별한 존재, 즉 대자존재라고 이야기했다. 이런 점에서 의식과 대자존재는

---

[11] 장 폴 사르트르, 『구토』, p.319.
[12] 서동욱, "사르트르의 현재성," 『문학과 사회』, 18호(2), 문학과 사회 편집동인, 문학과 지성사, 2005, p.392.

정의는 다를지라도 맥락에 따라 교환가능한 용어라고 볼 수 있다. 또한 의식과 대자존재는 각각을 규정하는 특성들도 공유한다. 무화 작용을 하고, 자기 자신을 초월하며, 사물존재 혹은 즉자존재와 지향적 구조로 연결된다는 점 등.

그러나 상당히 혼란스러운 것은 다음과 같은 것이다. 의식은 그 자체로서 무언가가 아니다. 의식은 실재성을 가지고 있지 않다. 즉 의식은 무이다. 그런데 무는 존재가 아니다. 요컨대 의식＝무≠존재. 그러나 대자존재는 존재이다. 그러니 의식은 대자존재와 동일하지 않다. 과연 잘 이해한 것인가? 사르트르의 의식과 대자존재에 대해서는 다양한 해석과 적지 않은 오해가 있는데, 사르트르의 논의가 난해하고 방대한 것도 그 이유 중 한 몫을 차지하며 또한 문제 자체가 포함하는 논의의 수준이 단순하지 않은 것도 한 이유이다. 그렇지만 "즉자존재와의 연관 속에서 '의식'과 '대자' 두 용어는 서로 바꾸어 쓸 수 있다."[13] 세계의 물질적 변경 이를테면 사과를 한입 베어 먹는 것은 대자존재로서의 몸이다. 이 몸이 대자존재로서의 몸이라는 것은 먹는 몸이 의식이 없는 채 몸일 수는 없다는 것을 뜻한다. 이 때의 의식은 몸과 구분되는 실체가 아니라, 몸인 의식이다. 이와 관련된 자세한 논의는 2장에서 할 것이다. 즉자존재는 우리가 사물존재와 주로 동일시했지만, 의식과 관련하여 보자면 그것은 의

---

[13] Christina Hawells, "Sartre's ontology: The revealing and making of being," *The camridge companion to Sartre*, Cambridge University Press, p.25.

식의 대상이다. 그러므로 자기도 즉자존재가 된다. 즉자존재의 범위는 거의 무한히 넓은 셈이다. 이런 점에서 즉자존재는 지향적 의식이 닿고, 감싸고, 변형시키는 의식의 산물이다.

현상학자로서 사르트르에게 의식은 데카르트의 실체와 같은 것이 아니다. 그것은 그 자체로 아무 것도 아니며, 자신을 넘어설 때에만 초월하여 외부의 즉자존재를 지향할 때 비로소 의식이 된다. 의식의 실재성은 밖에 있다. 이러한 점은 데카르트의 난감한 이원론을 극복한 것으로 보인다. 2장에서 보겠지만 이러한 의식은 몸(대자로서의 몸)이다. 이원론은 부정되었다. 그러니 일단 의식은 어떠한 활동이다. 의식은 인간이 자기를 초월하는 활동이다. 의식은 대자존재로서의 인간의 활동이다. 그러므로 의식은 대자존재이다라고 말하는 것은 엄밀히 말해서 부적절하다. 그러나 의식적 존재는 대자존재이다라고 말하는 것은 적절하다. 대자존재와 인간은 동의어인가? 정의상 인간만이 자기를 위하고, 대면하는 존재는 아니다. 그렇지만 말년에 한 인터뷰에서 생물 일반이 대자적일 수 있을 가능성을 암시한 것을 제외하고는 사르트르의 저서에서 인간 이외의 대자존재에 대한 언급이 다루어지는 경우는 없었다.

3

메를로퐁티의『지각의 현상학』

1) 현상학적 기획 의도

현상학에 대한 메를로퐁티의 정의

사르트르의 철학 주저는 제목부터 '존재와 무: 현상학적 존재론의 시론'이다. 제목에서 사르트르의 철학적 관심은 현상학적 존재론이라는 것을 알 수 있다. 지금까지 살폈듯이 사르트르의 현상학적 존재론은 대자존재가 즉자존재와 어떻게 관계를 맺는지 현상학적으로 기술하는 것이었다. 관계를 맺으면서 무로부터 존재가 나오는 사건, 말하자면 존재사건이 발생했다. 한편 메를로퐁티의 초기의 주요 저서는『지각의 현상학』이다. 제목으로만 보면 '지각'과 '현상학'이 키워드로 보인다. 메를로퐁티는 왜 지각 현상에 관심을 집중하는가?

심오하기로는 예외가 아닌 이 책의 서문은 다음과 같은 말로 시작한다.

현상학이란 무엇인가? … 현상학, 그것은 본질에 대한 연구이며 모든 문제는 현상학에 따르면 본질을 규정하는 일에 다름 아니다. … 현상학, 그것은 또한 본질을 존재의 자리에 다시 놓아두는 철학이자 인간과 인간의 세계에 대한 이해는 그 '현사실성'에서 출발함으로써만 획득될 수 있다고 믿는 철학이다. 그것은 인간과 세계를 이해하기 위해서 자연적 태도의 확신을 유보해 두는 초월적 철학이기는 하나, 또한 반성 이전에 세계가 언제나 '이미 거기에' 양도할 수 없는 현전으로서 존재함을 밝히고, 세계와의 소박한 접촉을 회복하기 위해 모든 노력을 경주하며, 궁극적으로 그 접촉에 철학적 지위를 부여하기 위한 철학이다.[14]

메를로퐁티는 현상학을 정의하면서 책을 시작한다. 메를로퐁티의 관심은 현상학에 있는 것이다. 서문에서 메를로퐁티는 후설을 여러 차례 언급한다. 그 때마다 메를로퐁티는 후설에게 상당한 존경심을 보인다. 그러나 사르트르와 마찬가지로 메를로퐁티는 후설을 존경하면서도 후설을 넘어 자신의 철학을 펼쳐 보인다. 메를로퐁티는 후설의 현상학적 이념을 존중한다. 그리고 그것을 보다 철저하게 만들고자 한다. 그것이 바로 '지각의 현상학'이다. 본격적으로 '지각의 현상학'을 살펴보기 전에, 현상학적 이념에 충실하다는 것이 무엇을 의미하는지 볼 필요가 있다.

---

[14] Maurice Merleau-Ponty, *Phénoménologie de la perception*, Paris, Gallimard, 1976, p.I; 『지각의 현상학』, 류의근 옮김, 서울, 문학과 지성사, 2002, p.13. 이하 원문에 다음과 같이 표기 (*PP.*, Ⅰ /13).

전통 철학에서의 본질

위의 인용문에서 메를로퐁티는 '현상학을 본질을 규정하는 학문'
이라고 정의한다. 그리고 본질을 규정하는 것은 곧 본질을 존재의
자리에 다시 두는 것이라고 말한다. 또한 그것은 인간과 세계를 사
실성에서 출발해 이해하는 것이다. 이 세 문장은 모두 같은 의미이
다. 본질을 규정하는 것은 오랫동안 철학자들이 해 온 일이라 새로
울 것이 없다. 소크라테스 이래로 서양철학에서 본질은 '-란 무엇인
가?'라는 물음의 답에 해당한다. 이를테면 '국가란 무엇인가?'라고
묻는다면 무엇이라고 답할까? 다양하게 대답할 수 있겠지만 국가의
정의라고도 할 수 있는, 필연적이면서도 불가결한 요소가 바로 그것
의 본질이다. 현실의 국가는 참으로 다양하다. 복지정책을 실행하
는 국가도 있고, 국민을 보호하지 않는 국가도 있으며, 연방도 있고,
공화국이 있는가 하면, 왕이 있는 국가도 있다. 과연 국가의 본질에
딱 들어맞는 국가가 있을까? 플라톤은 현실에는 없다고 보았다. 참
된 국가는 국가의 이데아뿐이며, 그것은 우리가 사는 이 세계에는
없다. 아리스토텔레스는 본질eidos은 이성에 의해서 파악되는 것이
나 실재하는 것으로 여길 수는 없다고 보았다. 본질의 문제를 존재
차원에서 인식 차원으로 전환한 것이다. 이러한 아이디어는 철학사
를 통해 계속 발전해 온다. 후설 역시 직관("형상적 환원")을 통해 본질
을 파악할 수 있다고 주장한다.

그런데 아리스토텔레스는 사물의 불가결하면서도 필연적인 속성
으로서의 본질 개념 외에 또 다른 개념을 제시했다. 즉 아리스토텔

레스에게서 본질은 한편으로는 형상_eidos_으로서 형식적으로 규정되며, 다른 한편으로 구체적 개물_個物_로서의 실체_ousia_이기도 하다. '무엇이 실체인가?'라는 물음은 '진정한 의미에서 혹은 일차적 의미에서 있는 것이 무엇인가?'라는 물음과 같다. 후자의 물음은 가장 근본적인 존재론의 물음이다. 그럼에도 불구하고 두 개념은 완전히 분리되어 이해되지 않는다. '무엇이 진정하게 있는 것인지를 우리는 어떻게 이성을 통해(서든 아니면 어떻게든) 알 수 있는가?'라고 물을 수밖에 없기 때문이다. 요컨대 존재는 인식 주관을 통해서만 접근한다는 가정이 깔려 있는 것이다. 사르트르도 마찬가지이다. 존재론에서 대자존재가 차지하는 비중은 양적으로나 중요성으로나 즉자존재에 비해 막대하다. 즉자존재의 세계에 빛을 던지는 존재는 그것과는 다른 존재, 대자존재뿐이다.

메를로퐁티에게서 본질

그런데 지금 메를로퐁티는 존재로부터, 현사실성으로부터 본질을 파악하자고 주장하고 있다. 이렇게 함으로써 메를로퐁티는 후설의 현상학을 계승하고 있음을 명시했다. 후설의 현상학은 "대상이 자립적으로 실재한다고 믿는 우리의 자연적 태도를 보류하고(판단중지), 대상의 상관자인 의식의 영역에 주목하고(초월적 환원), 다시금 의식 속에서 사실들을 가능하게 하는 본질들에 주목하는(형상적 환원) 절차를 통해 순수현상들로서의 이념들을 밝혀내는 학문이다."[15] 대상의 실재성은 괄호 속에 넣어두고, 의식 속의 현상에서 본질_eidos_

을 찾아낸다는 작전이다. 본질의 해명이 주체성에 달려있다는 점에서 후설의 현상학은 기존의 철학과 동일한 노선에 있는 것으로 보인다. 그런데 여기서 메를로퐁티는 주체성을 실존이라는 용어로 슬며시 대체하고 있다. 이는 후설의 후기 대표 저작인 『유럽 학문의 위기와 초월적 현상학』의 중심적인 아이디어에 대한 메를로퐁티의 해석과 관련된다. 책 제목이 암시하듯, 후설은 본인이 살고 있던 시대의 유럽 및 인류 전체가 위기에 처해 있다고 진단했다. 유럽 전체의 위기는 유럽 학문의 위기에서 비롯한 것이며, 학문의 위기는 실증주의와 비합리주의가 학문을 지배한 데서 기인한다. 해결방법은 학문이 출발하였으나 잊고, 떠나고, 잃어버린 토대인 세계와 주체성을 회복하는 것이다. 이것이 현상학의 임무이다. 메를로퐁티는 이러한 후설의 주장에 적극 동의한다. 방금 살폈보았듯이, 서양철학에서 전통적으로 에이도스로서의 본질은 인식 주체의 추상화 능력과 관련하여 논의하였다. 후설의 많은 저서에서 이는 다양한 수준에서 복잡하게 논의한다. 그런데 메를로퐁티의 관점에서 후설이 말하는 주체성은 초월적 인식 주체이기는 하되, 그것을 넘어 모든 의미의 토대인 생활 세계를 살아가고 있는 주체라는 점에 주목할 점이 있다. 메를로퐁티는 후설의 현상학의 핵심인 초월적 주체성을 이어 받는다. 그리고 후설이 진전시킨 것과는 반대의 방향으로 그것을 밀고

---

15 정은혜, 『후설 『유럽학문의 위기』 해제』, 『철학사상』 별책 제3권 제21호, 서울대학교 철학사상연구소, 2004, p.11.

나아간다. 결국 메를로퐁티의 현상학은 후설 현상과는 매우 다른 내용으로 채워진다.

메를로퐁티는 "학문의 세계는 직접 체험된 세계 위에 세워졌으며" 학문을 엄밀하게 하려면 "세계의 경험을 일깨워야만 한다"(PP., II-III/15)고 주장한다. 『위기』의 핵심적인 주장이 연상되는 부분이다. 그러면서도 또한 후설의 주장으로부터 한 걸음 더 나아간 부분이기도 하다. 체험된 세계와 직접적인 접촉을 회복한다는 것을 비유적으로 설명하자면 이렇다. 당신은 캔버스와 물감을 들고 눈앞에 있는 풍경을 그리려고 한다. 어떻게 시작을 하고 어떻게 진행을 할까? 만일 당신이 진지한 화가라면 그리고 진지할수록 첫 붓질은 수월치 않을 것이다. 우리가 어린 시절에 그린 꽃이나, 해, 나무 등을 생각해 보자. 모두들 비슷비슷하게 그렸다. 이런 그림들은 별 생각 없이 남들처럼 반성해 보지 않은 관습대로 그린 것이다. 어린 시절에만 그런 것도 아니다. 우리가 세상을 그리거나 대하거나 파악하는 방식은 은연중에 관습에 물들어 있다. 예를 들면 먼 산을 볼 때, 선과 하늘 사이에 수직선이 있다고 상정하고서 보고 있다. 그러한 관습을 모두 벗어던지고 세상을 보는 것은 어떤 것일까? 메를로퐁티는 바로 그 원초적인 체험으로 돌아가자고 청하는 것이다. 그래서 여기에 존재와 현사실성이라는 후설의 원칙에서 한 걸음 더 나아간 표현이 나온다. '세계와의 소박한 접촉의 회복'이 그것이다. 그는 원초적인 체험, 세계와의 소박한 접촉으로 지각을 제시한다. "지각은 세계의 학문이 아니며 행위마저도 아니고 심사숙고 후의 입장에 대한 파악도 아니다. 그것은 모든 행위가 떨어져 나오는 기초이며 모든 행위가 전제하고 있는 것이다"(PP., V/18). 과연 그럴까? 지금까지 『지각의 현상학』의 기획 의도를 살폈다. 다음 절에서는 "지각의 현상학"이란 무엇인지 본격적으로 살펴보자.

2) 지각 체험의 우월성

자연적 태도

관습이나 편견을 벗어던진 순수한 눈을 회복한다는 것은 무엇을 말하는 것일까? 이와 관련한 현상학의 용어는 "자연적 태도"이다. 자연적 태도란 우리가 일상적으로 갖는 존재를 소박하게 확신하는 태도를 말한다. 서울에는 북한산이 있다고 우리는 틀림없이 믿고 있다. 이런 태도가 자연적 태도이다. 후설은 자연적 태도를 중지할 때 비로소 초월적 반성을 할 수 있는 태도 변경이 이루어진다고 논한다. 그렇다면 서울에 북한산이 있다는 것을 의심하거나 부정하라는 말인가? 그런 의미는 아니다. 자연적 태도를 거부하는 것의 핵심은 사물의 실재성을 거부하는 것이 아니라, 세계를 과학적인 태도로 보는 것에서 벗어나서 그것을 주체와의 연관 속에서 보도록, 외부 대상으로 향한 시선을 내적 영역으로 돌리는 것에 있다. 자연적 태도의 문제는 인간의 경험이나 심리상태, 의미 같은 것도 모두 사물과 같은 객관적 실재로 취급한다는 점에 있다. 과학은 객관화하려는 노력이다. 과학은 인간도 객관화한다. 인간은 하나의 유기체이며 물리화학적 성질을 갖는 하나의 체계로 객관화된다. 과학적 태도를 가지고서 안과의사는 눈의 생리학적 구조와 지각의 물리화학적 메커니즘을 설명할 수 있다. 그러나 현상학자가 보기에 이것은 지각에 대한 제대로 된 물음도 답도 아니다. 과학의 객관화하는 태도에는 주체성도 의미도 자리를 차지하지 못하기 때문이다. 현상학은 현상을 객관적인 것으로 상정하지 않는다. 자연적 태도를 중지함으로써 현상학은 현상을 주관과의 관계 속에서의 경험으로 상정한다.

"현상적 장"

요컨대 순수한 눈을 회복하거나 세계와의 소박한 접촉을 회복하려면, 일상적으로 내리곤 했던 판단을 중지하고 객관화 이전의 영역으로 돌아가야 한다. 세계는 과학의 대상으로 정립되기 이전에 주체에게 의미를 제공하는 다양성으로 현현하며, 주체는 세계를 범주로 질서를 잡고 판단하는 반성을 수행하기 이전에 일단 세계를 만난다. 만나는 이 순간이 바로 지각의 순간이다. 그러므로 메를로퐁티의 사유에서 지각은 우선적일 뿐더러 우월하기도 하다. 지각은 모든 관념이나 사유에 앞서는 진리의 배경이기 때문이다.[16] 또한 순수

---

[16] 송석랑에 따르면 메를로퐁티의 철학적 목적은 '진리의 기원' 내지는 '보편적인 합리성의 뿌리'를 새롭게 밝히려는 데 있다, 메를로퐁티가 지각으로부터 탐구를 시작하는 것도 지각이야말로 이 기원 내지는 뿌리이기 때문이다. 송석랑, 『(메를로 뽕띠의)철학: 존재와 진리와 예술의 철학』, 대전, 문경출판사, 2005, p.31-32.

한 대상이 되기 이전의 선객관적 영역과 만나는 것은 사유하고 반성하는 주체, 코기토로서의 주체가 아니다. 메를로퐁티는 지각이 일어나는 순간에, 어떤 식으로 방향이 잡히고, 어떻게 그 대상과 만나는지에 집중함으로써 지각의 현상을 밝히고자 한다. 지각이 이루어지는 곳은 대상과 주체가 만나는 곳이므로, 순수한 객관 세계도 또 내적 세계도 아니다. 구체적인 대상성과 주체성이 열리면서 서로 만나 지각이 이루어지는 장을 메를로퐁티는 "현상적 장"이라고 부른다. "현상적 장"은 기존의 철학이 밝히는 대상 세계와 뚜렷한 차이를 보인다.

배가 아파서 병원에 갔다고 해보자. 의사가 나의 배를 누르면서 여기가 아픈지, 저기가 아픈지를 묻는다. 또 CT검사를 하기도 한다. 그렇게 '아픈 부위'를 확인하는 것은 객관적·자연적·과학적인 태도이다. 그러나 '배가 아프다'고 우리가 말할 때 우리는 객관적으로 그렇게 말하지 않는다. 나는 '내' 배에서 아픔을 느낀다. 그리고 거기서 시작해서 전체 몸으로 확대되는 아픔을 절절하게 느낀다. 이러한 몸은 다른 외부 대상을 표상하듯이 내가 표상하는 몸이 아니라, 감정적인affectif 몸이다. 이렇게 아픔을 느끼는 몸은 객관적 몸이 아니라 현상적 몸이며, 이러한 몸을 경험하는 장이 곧 현상적 장이다. 메를로퐁티는 세계가 객관화될 수 없다거나, 그래서는 안 된다고 주장하는 것이 아니다. 세계는 객관화되어 과학적으로 탐구할 수 있다. 그러나 과학적 탐구의 밑바탕에 있는 근원은 현상적 세계이다. 배의 아픔은 객관화할 수 있으며, 그런 채로 치료할 수도 있다. 의사들은 CT 사진을 걸어놓고 종양의 위치를 확인하고 치료 방법을 정한다. 그러나 그 이전에 사진 속의 배와 종양은 전체로서의 한 사람의 것이며, 그 사람만이 느끼는 고유한 고통이며, 그 사람 삶 전체에 연결되어 어떤 의미를 만들어 내는 것이다. 이는 배의 아픔이 주관적인 것이라고 말하는 것이기는 하나, 주관적 환영이나 닫힌 심적 사실이라고 말하는 것은 아니다. 그 아픔은 실재적이며, 종양은 실제로 있어서 아픔의 원인이 되고 있다. 이런 점에서 현상학은 주체성이 세계와 관련하여 형성된다는 점을 강조한다.

지각 현상

지각 현상에서도 역시 현상적 장이 열린다. 지각 현상에 대한 메를로퐁티의 기술을 들어보자. 메를로퐁티는 집을 지각하는 예를 든다. 나는 집을 본다. 어딘가에서 본다. 다른 사람은 다른 방향, 각도, 거리에서 본다. 그들 각각이 본 것 중 어느 것도 집 자체가 아니다. 가능한 모든 출현을 합하는 것은 불가능하다. 게다가 그렇게 한다고 해도 그것은 집이 아니다. 집은 조망이나 출현의 합이 아니다. 그러면 나는 어떻게 실측도와 같은 전체로서의 집을 아는가? 후설은 '노에시스-휠레-노에마'로 답한다. 내 앞의 "다양한 현출"인 무한하고 다양한 질료인 휠레는 단 하나의 의미 형성체인 노에마로 형성된다. 노에마는 실제 집이 아니라 인식된 집, 의미로서의 집이다. 노에시스는 휠레를 가지고 노에마를 형성하는 의식 작용이다. 노에시스와 노에마는 지향성의 양측이다. 휠레와 노에시스는 노에마를 형성하는데 불가결한 두 요소이지만, 인식에 있어서 노에시스의 능동적 차원이 보다 중요하다. 집이라는 지각 대상의 전체적인 모습을 아는 것은 결국 인식 주체의 종합할 수 있는 능력에 달린 것이고, 종합하는 것은 주체의 이성이다.

지각 주체

메를로퐁티는 지각 대상의 전체적인 모습을 인식 주체가 종합할 수 있는 것은 이성 때문이라고 말하지 않는다. 무엇보다도 보는 것은 눈이 하는 일이자, 눈과 함께 몸이 하는 일종의 활동, 움직임, 운동이다. 무엇인가를 주시할 때, 일어나는 일을 생각해 보자. 예를 들어 사르트르가 피에르를 카페에서 찾고 있다고 해보자. 피에르는 텅 빈 배경에 떠 있는 것이 아니라, 카페의 여러 가지 물건들을 배경으로 하여 앉아 있다. 피에르를 찾았을 때, 초점은 피에르에 맞추어지고 벽, 테이블, 커피 잔 등은 피에르의 배경으로서 흐릿해진다. 지각은 형상과 지평의 종합적 구조로 이루어지는 것이다. 나의 시선은 무언가를 흐릿하게 물러나게도, 무언가를 도드라지게 붙들어 두기도 한다. 시선은 대상들을 숨기기도 하고 드러나게도 한다. 이는 시선이 위성사진을 보듯 세계 위에 있기 때문이 아니라, 세계 속에 있기 때문에 가능하다. 메를로퐁티는 이렇게 표현한다. "본다는 것은 드러나는 존재 세계에 들어간다는 것이고, 존재가 나의 뒤에 또는 서로에게 은폐될 수 없다면 드러나지 않을 것이다. 달리 말하면 대상에 주목한다는 것은 그 대상에 거주한다는 것이다"(*PP.*, 82/125).

"대상을 주시하는 것은 그 속에 빠지는 것이다"(PP., 82/124). 본다는 것은 거주하는 것이며 빠지는 것이라는 말은 놀랍다. 나는 세계의 밖에서 보는 것이 아니라 세계 속에서 보고 있으며, 한 대상을 응시할 때, 거기에 머무르고 "닻을 내린다"(PP., 81/124). 전체로서의 집은 어느 곳에서도 보이지 않는 집이 아니라 모든 곳에서 보이는 집이다. 단편적 현출을 종합하는 지각의 주관은 사물들과 공존하고 있으며, 행동하는 신체적 주관이다.

여기에서 종합이 지성의 차원이 아니라 지각하는 주체의 몸으로 설명된다는 점은 메를로퐁티의 고유한 사유로 주목할 부분이다. 후설의 경우, 부분적 지각의 종합은 보이는 것을 넘어서는 "사념함 Mehrmeinung"으로 가능하다고 본다. 이와는 대조적으로 메를로퐁티는 "나는 보이지 않는 면을 만질 수 있기 때문에 —또는 '지평의 종합synthèse des horizon' 때문에— 그것을 예견할 수 있다. 보이지 않는 면은 나에게 '다른 관점으로부터 보이는 것'으로서 주어진다"[17]라고 말한다. 만지는 나는 몸으로서 다른 사물들과 세계를 공유하며 거주하고 있는 나이다. 이런 점에서 지각은 단지 시각 기관과 외재적 대상들이 접촉의 결과가 아니라 지성적·감정적·실천적 활동으로 세계에 참여하는 것이다. 따라서 지각의 주체는 보고, 만지고, 듣는 몸-주체이다. 우리가 자막이 달린 외국 영화를 관람할 때 대사,

---

17 M. Merleau-Ponty, "Le primat de la perception et ses conséquences philosophiques," *Le primat de la perception*, Lagrasse, Verdier, 1996, p.52. 인용문에 ' '는 메를로퐁티가 후설의 저작에서 인용해 온 것이다.

그림, 소리, 음악을 종합하는 것은 나의 지성이 아니라 나의 몸이다. 다양한 감각들이 소통되고 통일되는 것은 순수 지성의 작용이 아니라 몸의 종합이며 지각적 종합에 의한다. 몸이 운동이라는 자신의 유일한 목적을 향해 협력 작용을 일치시키는 데서 종합이 이루어진다.

요약하자면, 현상학의 이념에 충실하게 철저한 반성(또는 환원)을 하기 위해 메를로퐁티는 세계와의 최초의 경험인 지각을 현상으로서 접근한다. 지각현상에 대한 현상학적 기술을 통하여 메를로퐁티는 지각을 하는 주체가 신체적 존재로서 이미 세계에 속한 존재라는 것을 밝혔다. 다음 절에서는 메를로퐁티가 생각하는 인간의 주체성에 대하여 살펴보자.

3) 세계에의 존재

인간은 정신인가, 몸인가

단적으로 말해서 메를로퐁티는 인간의 주체성은 의식이나 마음, 정신에 있는 것이 아니라 몸에 있다고 주장한다. 인간이 몸과 마음(또는 정신, 영혼, 의식)으로 이루어져 있다는 것은 서양에서는 아주 오래된 관념이다. 데카르트는 인간이 몸과 마음으로 이루어져 있다는 점을 부인하지 않았지만 어떤 것이 자신인지 생각해 보고는 몸이 없는 자신은 상상할 수 있지만 정신이 없는 자신은 있을 수가 없으니 정신이 곧 자신이라고 결론 내린다. 데카르트는 의심과 회의

로는 둘째가라면 서러운 데도, 정신과 몸 중에 어떤 것이 자신에게 본질적인 부분인지에 대해서는 매우 쉽게 당대의 관습적 사유를 따른 것이다. 1995년에 개봉한 애니메이션 영화 〈공각기동대: 고스트 인 더 쉘〉의 첫 장면은 메카닉 몸을 만드는 장면으로 시작한다. 몸이 다 만들어지고 나서 전원이 켜지면 쿠사나기는 일반인처럼 활동한다. 쿠사나기는 자율적이고 도덕적인 존재로 존중받는데, 그녀에게는 고스트가 있기 때문이다. 고스트가 없는 단순한 로봇은 물건으로 취급한다. 영화에서 고스트는 기억과 같은 정신의 내용물(데이터)과도 다르고, 메카닉인 몸으로도 환원되지 않는 것으로 설정된다. 이러한 아이디어는 데카르트의 것과 거의 같다. 데카르트에게 몸은 자동기계이다. 정신은 종종 몸을 움직이지만(의도적인 행위를 할 때), 재채기 같은 비의도적인 행동은 몸이 자동으로 한다. 몸이 배라면 정신은 선장이다.

이런 생각을 글로 적어놓은 최초의 사람은 아마도 플라톤일 것이다. 플라톤은 영혼의 불사를 믿는 고대인이었다. 영혼과 몸이 분리가 된다는 것은 곧 죽음을 의미한다. 죽으면 영혼은 몸을 떠나 다른 세계로 간다. 오늘날의 우리에게도 그다지 생소하지 않은 생각이다. 문제는 정신이나 영혼이 실재하냐는 것이다. 불사의 영혼이 있다는 가정을 통해 삶과 죽음을 설명할 수는 있지만, '영혼은 나의 어디에 있는가?', '그것이 있기는 한 것인가?', '정말 그것은 불사인가?', '그렇다면 내세가 있는가?' 등의 꼬리를 잇는 물음에 답해야 한다. 철학자들은 오랫동안 이 물음들의 가장 앞에 있는 '도대체 영혼 또는 정신은 무엇인가?'의 물음을 여러 가지 방식으로 던져왔다. 이 물음에 시원하게 대답할 수 있다면, 따라 나오는 다른 물음에 대한 답도 주어질 것이며, 인간이라는 존재가 어떤 존재인지도 알 수 있을 것이다. 이런 식으로 플라톤 이래 수많은 서양 철학자들은 인간을 영혼이나 정신에 입각하여 규정하려고 노력해 왔다.

행동하는 몸

그런데 메를로퐁티는 인간은 몸이라고 규정한다. 그렇다면 메를로퐁티는 다음과 같은 물음에 어떻게 답할까? 우리는 연인을 그리워 하고, 글을 쓰고, 새로운 요리를 만들어내는 등 지적 능력을 가진 존재가 아닌가요? 지성은 정신이 아니라 몸이란 말인가요? 연인을 그리워 하는 것은 몸이 아니라 마음인 것 같은데요? 이것은 어떻게 설명할 건가요? 메를로퐁티는 플라톤과 데카르트와 마찬가지로 매우 똑똑할 뿐만 아니라 당대의 최신 이론을 알고 있었다. 그런데 메를로퐁티는 20세기 사람이라 데카르트와는 달리 행동주의 심리학에 대해 알고 있었고, 행동주의 심리학의 가정을 일부 받아들인다. 행동은 의식의 반영이나 출현이 아니라 그 자체로 유의미하고 목적 내지는 의도를 갖는다는 것이다. 메를로퐁티는 행동으로부터 출발하여 의식과 자연의 관계를 이해하고자 했다.[18] 굳이 이런 방식을 택

---

[18] 이러한 목적으로 쓴 책이 『행동의 구조』이다. 메를로퐁티는 이 책과 『지각의 현상학』으로 박사학위를 받았다.

한 것은 의식, 몸, 정신, 물질 등이 철학적 탐구의 대상으로서 개념화되어온 데 반해, 행동은 그렇지 않았고 덕분에 행동이라는 말의 의미는 비교적 편견 없이 남아 있었기 때문이다. 상대적으로 선입견이 덜 한 행동을 개념화하고 이해함으로써 메를로퐁티는 의식과 자연의 관계를 이해하려 한다. 그것은 유물론과 유심론이 추구한 대로 의식과 자연을 실체로 환원하고 그것 사이의 인과 관계를 분석하는 방식을 피할 수 있게 해 준다. 그러면서도 자연을 온전히 의식의 구성물로 다루는 사변적인 방식을 취하지도 않게 한다.

메를로퐁티는 인간을 인간의 행동으로부터 시작하여 파악한다. 돌이켜 보면 우리의 대부분의 행동은 아무 생각없이 하는 습관적 행동이다. 우리는 자연스럽게 '아무 생각없이' 걸을 수 있다. 일상적으로 우리는 '왼발의 앞부분부터 땅을 딛으면서 동시에 오른쪽 다리를 들어 올려서 앞으로 내민다'라고 생각을 하면서 걷지 않는다. 그렇지만 안 신던 하이힐을 신고 나온 날은 그렇지 않다. 잘 걸을 수 없어서 어색하고 잘 걷기 위해 '생각'도 한다. 게다가 하이힐을 신으면 내 몸의 높이가 달라진 탓에 세상이 어색하게 변해있다고 느낀다. 그리고 어느 순간 하이힐을 신고도 자연스럽게 걸을 수 있게 된다. 메를로퐁티는 "몸 도식schéma corporel"이라는 용어를 제시하면서 이러한 습관적 행동을 설명한다. "몸 도식"은 내가 위치하고 있는 공간 또는 내 주위의 상황과 관계 맺는 내 몸의 의식을 드러내는 개념이다. 우리는 걸을 때 내 다리가 어떤 각도로 구부러져야 하는지 생각하지는 않지만 사실 이미 알고 있다. 이 앎은 의식적이거나 반성적인 것이 아니다. 다시 말해 나의 행위는 나를 둘러싸고 있는 환경에 항상 맞추어져 있어서 맞추기 위해 무엇을 해야 하는지, 무엇을 할 수 있는지 생각할 필요가 없다. 이런 앎은 어쩌면 공식화가 불가능한 앎의 형태일 것이다. 그것은 일상에서 행동하는 행위자의 "몸 도식"으로만 설명이 가능하다. 내가 컴퓨터의 자판기를 사용할 때, 나는 글자들의 위치를 따로 확인할 필요가 없다. 나의 손가락들은 글쇠를 정확히 찾아 움직인다. 마치 나는 나의 손가락들로 사유하는 것 같다. 이러한 자판 위에서의 손가락의 움직임은 반성적·담론적으로는 설명할 수 없다. 물론 나는 자판의 배열을 언젠가 배웠다. 그러나 그것은 말이나 문자 텍스트나 동영상을 보는 것에 의한 학습은 아니었다. 텍스트가 사용되는 경우일지라도 그것만으로는 학습이 이루어지지 않기 때문에 텍스트에 의한 학습은 주요한 것이 아니다. 자판 배열 학습은 자판을 손의 확장으로 만드는 연습에 의해서 이루어진다. 그러므로 내가 자판에 대해 갖는 앎의 유형은 실천적이고 체화된 앎이다.

육화된 코기토

이와 같이 몸을 행동으로부터 이해하면, 더 이상 몸은 데카르트의 자동인형과 같은 것으로 생각되지 않는다. 몸은 저기 밖에 있는 사물과 같은 것도 아니다. 몸으로서[써] 나는 나의 의도 또는 지향성을 세계에 던진다. 몸 없이는 세계와 어떤 관계도 맺을 수 없다. 정신이나 의식은 그 자체로 실체나 실재가 아니라 몸의 실존적 활동이다. 물론 여전히 미심쩍게 생각할 수도 있다. 필자는 이러한 내용을 설명했을 때, 다음과 같은 질문을 받은 적이 있다. '내가 2층의 침실에서 거의 잠들어 있을 때에도, 나는 아래층 어딘 가에서의 이상한 낌새를 느끼기도 한다. 이는 몸과 상관없는 의식이 있다는 증거 아닌가?' 메를로퐁티라면 그러한 낌새야말로 몸의 의식이라고 대답할 것이다. 사르트르가 구분한 것처럼 우리는 대상이 분명한 반성적 의식을 하기도 하고, 그렇지 않은 선반성적 의식을 하기도 한다. 메를로퐁티도 약간 다르긴 하지만, 둘의 구분은 유효하다. 특히 메를로퐁티는 인간의 고유한 또는 고차원적인 본성도 유기체의 일종으로서 환경 속에서 문제를 해결하려는 실존적 활동으로 파악해야 한다는 입장을 가지고 있다. '이건 무엇이다'라고 말한다면 이것은 이미 반성이다. 우리는 살면서 낌새, 느낌, 육감 정도로 겨우 언급할 수 있는 의식을 늘 하고 있다. 위의 질문에 대한 메를로퐁티의 대답은 그것이야말로 선반성적인 육화된 의식이라는 것이다.[19] 이러한 의식을 언어로 표현할 수 없거나 언어로 표현하기 이전의 의식이라는 의미에서 "침묵의 코기토"라고도 한다.

또 다른 질문도 제기할 수 있다. 이를테면 철학책을 읽거나 쓰는 것처럼 고도의 지적인 활동이야말로 지성의 활동인데, 몸으로 어떻게 설명할 것인가? '지성의 발휘도 몸의 활동인가?'라고 물을 수 있

---

[19]　또한 나의 작정과는 무관하기에, 즉 누구의 것이라 할 수 없기에 익명적인 사유, 비인칭적 사유라고도 할 수 있다.

다. 농구의 자유투 연습의 경우에는 정확한 폼을 몸에 익히기 위해 무수한 연습을 하는 것이다. 이는 분명히 없던 습관을 몸에 들이는 과정이다. 그런데 메를로퐁티에 따르면 철학책을 읽는 것도 자유투를 익히는 것과 결국 마찬가지이다. 대학에 갓 입학했던 당시 필자는 '철학을 전공하는 대학생이 되었으니 어디 한번'이라는 호방한 심정으로 하이데거의 『존재와 시간』을 도서관에서 대출했었다. 아직도 그때의 충격이 남아 있는데, 분명 한글로 쓰여 있건만, 흰 것은 종이었고, 검은 것은 글자였다. 몇 해 후 대학원에 진학하여 같은 책을 강독하는 수업에 들어갔다가 (토하면서) 첫 주에 수강신청을 변경한 적도 있다. 물론 지금도 술술 읽지는 못하지만 그때보다는 나아졌다. 이런 흑역사를 굳이 말한 것은 농구와 공부는 결국 마찬가지라는 점을 말하기 위해서이다. 농구코트에 들어선 첫 날 바로 슛을 할 수 없지만 연습을 통해 결국 할 수 있게 되는 것과 마찬가지로, 어려운 철학 개념들을 이해하고 익숙하게 사용하게 되는 것은 읽고, 생각하고, 쓰고, 토론하는 '행동'의 누적으로 이루어진다. 하이힐이 발의 연장이 되는 것처럼, 농구선수의 공이 드리블하는 손에 거의 붙어있는 것처럼, 철학 용어들과 철학적 사고방식은 나의 일부가 된다.

메를로퐁티에게서 의식은 몸으로부터 독립적인 하나의 실체가 아니다. "육화된 코기토Cogito incarné"라는 표현은 말 그대로 번역하자면 육신을 입은 의식이다. 즉 이 표현은 의식이 신체적이라는 것을 의미한다. 이러한 사유는 몸과 마음이 전적으로 다른 것이라는 생각과는 양립하지 않는다.[20] 육화된 코기토에 대한 메를로퐁티의 또 다른 설명을 들어보자. 앞서 들었던 플라톤의 예인데, 우리는 '삼각형'을 어떻게 알까? 공부라는 것을 한 적이 없는 아이에게 머릿속의 공간에 점을 세 개를 찍고 세 점을 직선으로 연결해 보라고 한 후, 그게 뭐냐고 물어보면 아이는 '삼각형'이라고 대답할 것이다. 플라톤은 아이가 삼각형을 아는 것은 삼각형에 대한 전생의 관념을 가지고 태어났기 때문이며 이 관념을 아는 것이 지성이라고 설명한다. 그러나 메를로퐁티에 따르면 공간과 삼각형, 그리고 삼각형의 요소들을 머릿속에 구성할 수 있는 것은 삼각형의 "영원한 이념"을 갖고 있기 때문이 아니라 우리가 지각장에 잠재적으로라도 처할 수 있기 때문이다. 변의 연장이라든가 한 꼭지점에서 그 맞변의 평행선을 그린다든가 하는 구성 활동에는 '위에', '의해서', '꼭지점' 등의 말로 표현되는 관계들이 이용되는데, 이 관계들은 삼각형의 본질에 포함되어 있는 것이 아니다. 대상의 공간적 위치 설정은 정신적 작업만이 아니라 몸의 운동성을 이용한다. 그러므로 위치 설정의 객관적 법칙을 연구하는 기하학자 역시 적어도 잠재적으로 자신의 몸으로 그것들을 기술함으로써만 인식할 수 있는 운동적 주체이다. 요컨대 수학적 진리 역시 이성 활동이 그 본질을 구성하는 것이 아니라 몸

---

[20] 그렇다면 메를로퐁티는 몸의 일원론을 성공적으로 수립했는가? 여기에는 논란의 여지가 있다. 『지각의 현상학』에서 그는 인간을 신체적 존재로, 의식을 몸과 독립적으로 존재하지 않는 것으로 누누이 주장하지만, 여전히 이원론적 구도를 암암리에 전제하고 있기 때문이다. 본인은 훗날 회고하며 철저하지 못했음을 인정한 부분이기도 하다.

의 운동성에 근거하여 찾을 수 있다. 내가 상상의 공간에 삼각형을 그릴 수 있는 것은 내가 현실의 지각 장을 몸으로 경험했기 때문이다. 그러므로 코기토는 육화된 것으로 파악해야 한다.

메를로퐁티는 지향성 역시 운동성과 관련하여 다시 생각한다. "의식은 발원적으로 '나는 -을 생각한다'가 아니라 '나는 -을 할 수 있다'이다"(PP., 160/220). 무언가를 하려고 함으로써 즉 운동적 동기로 의식은 외적 대상을 향해 지향성을 발휘한다. 사르트르와 마찬가지로 메를로퐁티도 이럴 때 의식은 초월한다고 말할 수 있다. 메를로퐁티는 의식과 몸을 처음부터 분리하지 않았기 때문에 의식의 초월성을 설명하는 데 어려움이 없다. 의식이 몸을 어떻게 움직여 세계에서 실제로 그 의도를 실현하는 행위를 하는지를 설명할 필요가 없다. 사르트르의 경우는 우리가 본격적으로 살피지 않았지만, 적어도 의식과 몸이 동일한 대자존재에게 있어서는 메를로퐁티의 입장과 같은 노선에 있다고 볼 수 있다.

세계-에의-존재

그렇지만 사르트르와 메를로퐁티는 주체와 세계의 관계를 설명하는 용어가 다르고 이 점은 둘 사이의 뚜렷한 차이를 형성한다. 하이데거가 제시한 개념어, "세계-내-존재In-der-Welt-Sein"는 인간과 세계, 주관과 객관의 관계를 새롭게 생각하게 해 주는 중요한 개념이다. 아직 철학이 몸에 배지 않은 상식적인 생각을 하는 사람에게 인간은 원래 세계 내에 있는 존재라는 사유는 새로울 것 없는 당연한 것일 것이다. 그러나 서양 철학자들은 오랫동안 진상을 제대로 파악하기 위해 세계와 인간을 분리해 놓고 어떻게 연관시킬지를 궁구해 왔다. 하이데거는 인간은 원래 세계 내에 있는 존재이기에 투명하지도 순수하지도 않고 세계 속에서 다른 사람들과 함께 도구들을 가지고 본래적으로 또는 비본래적으로 살아가고 있는 존재임을 기술했다. 그렇다면 세계 또한 객관적인 우주나 공간이 아니라 인간의 실존적 의미로 연관되는 세계로 이해된다. 사르트르는 하이데거 용어를 "세계-내-존재être-dans-le-monde"로 번역하여 의식이 초월하여 몸의 상태로 세계에 있는 상태를 의미했다. 커피가 커피잔 안에 들어 있듯이, 신체적 존재로서 인간은 세계 안에 들어 있다. 독일어의 In과 불어의 dans은 모두 영어의 in에 해당한다. 그런데 메를로퐁티는 'dans' 대신에 'à'을 선택하여 "세계-에의-존재être-au-monde"로 말을 만들었다. 메를로퐁티는 매우 다양한 의미를 갖고 있는 전치사 'à'를 살려서 "être-au-monde"로 "'Je vais à l'école(학교로 가다)'처럼 세계로 향함을 나타내면서, 또한 'Ce livre est à moi(이 책은 내 것이다)'처럼 귀속appartenir à 또는 'Je suis à l'école(학교에 있다)'처럼 세계에 속함(에 있음)을 나타낸다."[21] 사르트르와 마찬가지로 메를로퐁티도 의식의 지향성을 곧 의식의 초월로 간주한다. 의식은 세계로 나아가야만 한다. 그러나 의식은 처음부터 세계에 속해 있는 신체적 존재의 활동

---

21 주성호, "메를로퐁티의 '침묵의 코기토' 문제: 『지각의 현상학』의 문제점들에 관한 고찰,"
   『프랑스학연구』 81집, 프랑스학회, 2017, p.242.

이다. "세계-에의-존재"는 세계에 이미 내재하면서 세계로 초월하는 존재로 인간을 기술하는 개념이다. "세계-에의-존재"는 세계 밖에서 세계를 관조하거나 세계의 상공을 비행하는 그러한 존재가 아니라, 세계 안에 뒤섞인 몸-의식이다.

사르트르의 『존재와 무』가 현상학적인 존재론이고자 했고, 존재와 무에 대해, 또 두 종류의 존재에 대한 논의가 처음부터 진행됨에 반해, 메를로퐁티의 『지각의 현상학』은 충실한 현상학이고자 했으며, 지각 현상에 대한 기술과 반성이 이루어졌다. 여기까지 보면 두 책은 비교하기에 적절치 않다. 메를로퐁티의 존재론은 사르트르의 존재론과 같이 비교가 되면 좋았겠지만, 『지각의 현상학』에서는 펼쳐지지 않고, 후기에 와서 시도되기 때문에 지금 둘의 존재론을 비교하는 것은 적절치도, 가능하지도 않다. 일단은 사르트르와 메를로퐁티가 각각 어떤 철학적 기획을 하고 있는지 검토한 데 만족하기로 하자. 내용상 다음으로 연결되는 것은 인간에 대한 규정 부분이다. 사르트르에게 인간과 대자존재 그리고 의식은 맥락에 따라 교환 가능한 단어들이다. 한편 메를로퐁티에게 인간은 신체적 존재이다. 다음 장에서는 이 대립에 초점을 맞추어 두 철학자를 비교할 것이다.

제2장

몸과 마음

지금부터는 몸과 마음에 대한 사르트르와 메를로퐁티의 사유를 알아보고자 한다. 몸과 마음을 어떻게 규정하며, 둘의 관계를 어떻게 생각할 것인지는 중요한 철학적 문제이다. 그렇기 때문에 일단 이 문제에 대한 기존의 철학적 주장들을 간략하게 살펴볼 필요가 있다.

1

심신이원론의 난점

심신이원론

앞서 보았지만 데카르트는 인간은 몸과 마음(영혼, 정신, 의식)이라는 두 요소가 결합한 것이라고 생각했다. 이런 생각은 철학이라 불리는 지식체계보다도 오래된 관념이다. 우리 민간신앙으로 혼령을 달래는 굿이 있는데, 이러한 굿에는 작은 배가 등장하는 경우가 있다. 이 배는 망자의 혼을 태워서 저 세계로 보낸다. 사람이 죽으면 혼이 저 세계로 간다는 생각은 매우 오래되고, 꽤 보편적인 생각이다. 그런데 서양의 철학자들은 그러한 관념을 발달시켜 인간을 몸과 마음(영혼, 정신, 의식)의 조합물로 규정했다. 이러한 흐름 위에서 17세기의 데카르트는 몸과 마음의 문제를 고전적으로 정식화하기에 이르렀는데, 몸과 마음에 철학 개념을 적용한 것이다. 그는 존재하기 위해 다른 것에 의존하지 않는 것이라는 의미로 '실체'라는 철학 용어를 사용한다. 이 정의에 따라 실체는 신, 물질, 정신으로 규정한다. 또한 우리의 몸은 물질이며, 사유를 본성으로 하는 정신과는 전혀 다르다. 그리고 정신은 어떤 사물에도 의존하지 않고, 스스로 존재한다. 이것이 심신이원론mind-body dualism이다.

데카르트는 몸을 일종의 물질로 보는 관점을 유지한 채 행동을 설명할 수 있었다. 유기체인 몸은 입자들로 형성된 특수한 완전성을 지닌 하나의 자동기계이다. 유기체-자동인형으로서의 몸의 능력은 영양섭취, 재생산, 운동, 자극 및 정보 취급 등이다. 이러한 능력은 시계 같은 자동기계처럼 합목적적으로 정돈된 개별적 부분들의 공동작업으로 발휘한다. 한편 데카르트에 따르면 뇌에는 "동물정기spiritus animales"가 있어서 유기체의 활동을 조종하고 정념과 지각을 형성한다. 이것은 피가 기화된 것으로서 "아주 미세한 공기와 같은 것, 혹은 오히려 아주 순수하고 강렬한 불꽃같은 것"[1]이다. 이런

---

1   르네 데카르트, 『방법서설』, 이현복 옮김, 문예출판사, 1997, p.54.

점에서 이것은 물질적인 것이다. 유기체는 뇌 속에서의 동물 정기의 활동으로 말미암아 영양섭취, 재생산, 지각, 운동에서의 조종, 정념 형성 나아가 감각 활동을 하게 된다. 여기까지의 설명은 데카르트의 실체로서의 몸-정신 이원론과 정합적이다.

심신이원론의 난점

그렇지만 문제가 있다. 정신은 기계에서 "대체 무엇을 하냐?"는 것이다. 동물이든 인간이든 몸이 물질의 일종인 동물 정기에 의해 조종되고, 동물 정기가 정념과 지각까지 형성한다면, "정신은 무엇을 하는가? 있을 필요가 있긴 한가?"라는 물음이 제기되는 것이다. 이에 대한 데카르트의 대답은 이렇다. 정신은 운동 자체를 일으키지는 않지만 의지를 발휘해 송과선의 방향을 바꾸고, 이로 인해 그곳에서 흘러나오는 동물 정기의 방향을 바꿀 수 있다. 이런 식으로 정신은 유기체의 작동에 관여한다는 것이다. 즉 무의식적이고 자동적인 행동은 몸이 기계적으로 하고 의지적인 행동은 정신이 일으킨다. 그러나 이제 정신이 물체에 운동을 일으킨다는 주장은 정신과 몸이 상호 의존하지 않는다는 원칙과 상충하게 되어 버렸다. 이것이 심신이원론의 난점이다. 나는 손을 들려고 생각하면, 손을 들 수 있다. 책상에 부딪히면 발이 아프다. 정신적 사건은 신체적 사건의 원인이며, 그 반대도 성립하는 것이다. 정신적 사건과 신체적 사건의 인과적 상호작용을 우리는 경험한다. 과연 데카르트의 심신이원론은 몸과 정신의 인과적 상호작용을 설명할 수 있는가?

데카르트는 문제를 남겼고, 이후의 철학자들은 이 문제를 풀기 위한 해법을 제시했다. 해법은 둘 중 하나이다. 하나는 심신이원론을 고수하면서 상호작용을 설명하는 것이고 다른 하나는 심신이원론을 포기하는 것이다. 전자의 사례는 라이프니츠가 보여준다. 정신과 몸은 각각 독립적이기에 근본적으로 이 둘은 상호작용을 하지 않는다. 그렇지만 우리는 둘의 상호작용을 경험하는데, 이는 신이 둘이 완전히 상응하도록 미리 조정해 놓았기 때문이다. 여기엔 중요한 전제조건이 있다. 라이프니츠에게 세계는 둘이다. 우리가 살고 경험하는 현상계와 사유나 직관으로만 파악할 수 있는 초경험의 세계인 예지계가 그것이다. 정신과 몸이 실체로서 상호작용이 없다는 것은 예지계의 일이지만, 예지계의 신이 현상계에서는 둘이 상호관계를 하는 것으로 경험하도록 예정조화로 맞추어 놓았다. 이 때문에 우리는 정신과 몸의 상호작용을 경험한다. 그러나 이것은 17세기 사람들에게도 흡족한 설명은 아니었다. 여기에 만족하지 못하고 심신이원론의 난점을 제대로 극복하고 싶어 하는 사람들은 계속 나왔다.

또 다른 길은 일원론의 길이다. 일원론의 종류는 다양하다. 심지어 데카르트와 라이프니츠의 경우도 일원론으로 해석할 여지마저 있다. 데카르트는 이렇게 말한다. "나는 몸을 갖고 있지 않으며, 세계도 없고, 내가 있는 장소도 없다고 가상할 수 있지만, 그렇다고 해서 내가 전혀 존재하지 않는다고 가상할 수는 없고, 오히려 반대로 내가 다른 것의 진리성을 의심하려고 생각하고 있다는 사실 자체에서 내가 존재한다는 것이 아주 명백하고 확실하게 귀결되고 있음을 알게 되었다."[2] 데카르트는 몸이 없다는 것을 상상할 수 있었다. 당신은 어떤가, 상상이 되는가? 애써 상상해보자면, 내가 감각도 없는 투명인간이 되었거나(이것도 쉽게 상상되진 않지만), 영화에서처럼 교통사고가 난 후 차에서 나왔는데 내 몸은 여전히 차 안에 있고 아무도 나를 보지 못하는 것 같은 상황쯤이 되지 않을까 싶다. 그래도 내가 이런 나를 의식하고 있으니 이 사실로부터 내가 존재한다는 것이 확실해진다는 것이다. 그래서 그는 계속해서 "나는 하나의 실체이고, 그 본질 혹은 본성은 오직 생각하는 것이며, 존재하기 위해 하등의 장소도 필요 없고 어떠한 물질적 사물에도 의존하지 않는 것임을 알게 되었다"[3]라고 말한다. 데카르트는 내가 정신으로만 있는 것이 가능하다고 여긴 것이다. 라이프니츠의 경우에도 정신은 실체이나 몸은 실체가 아니라 현상으로 보며 이런 점에서 일종의 유심론으로 볼 수 있다.

몸의 가치절하

지금까지 살펴본 심신이원론과 일원론은 둘 다 인간에게는 몸과 마음이라는 두 요소가 있다고 전제하고, 둘 중 마음에 더 큰 중요성을 부여했다. 인간은 마음 그 자체이며 몸은 부차적이다. 그런데 마

---

[2] 르네 데카르트, 『방법서설』, p.32.
[3] 르네 데카르트, 『방법서설』, p.33.

음을 중요한 것으로 여기고 몸을 덜 중요한 것으로 여기는 가치평가는 플라톤 때부터 있던 것이며 위의 17세기의 두 철학자들에게도 의심할 여지가 없는 것으로 여겨진 것이다. 이러한 가치평가를 포함한 유심론의 전통은 19세기의 독일관념론까지 세부사항은 달라지지만 지속한다.

철학적으로는 "과연 유심론이 심신이원론의 난제들을 해결했는가?"라는 것이 중요한 쟁점이겠지만, 시야를 넓혀서 가치평가와 관련된 문제점들을 생각해 보자. 이를 위해 플라톤이 쓴 『파이돈』이라는 책의 내용을 잠시 검토하자. 이 책은 소크라테스가 독배를 드는 장면을 묘사하고 있다(그렇지만 픽션이다). 사형집행일을 맞은 소크라테스는 제자들과 함께 대화를 나누는데, 우울하거나 분노한 모습이 아니라 오히려 행복하고 유쾌한 모습이다(다시 말하지만 픽션이다). 소크라테스가 죽음을 행복하게 맞이할 수 있는 것은 죽음이 좋은 것이기 때문이다. 소크라테스의 입을 빌려 플라톤은 죽은 다음에는 영혼이 하늘로 올라간다고 말한다. 영혼이 가는 곳은 영혼들이 함께 살아가는 신의 왕국이다. 현세에서 바람직한 삶을 살았던 영혼은 이 왕국으로 갈 수 있다. 소크라테스는 자신의 삶이 떳떳했다고 자부하기에 드디어 신의 왕국으로 가게 된 것을 기쁘게 받아들이는 것이다. 죽음으로써 영혼은 몸이라는 "감옥"을 마침내 벗어나는 것이다. 그러니 죽음은 좋은 것이다. 신의 왕국으로 가기 위해서는 바람직한 삶을 살아야 한다. 다시 말해 바람직하게 살아야 하는 이유는 내세를 위해서이다. "삶은 죽음의 연습"이다.

이런 생각의 문제는 무엇인가? 그것은 '좋음'의 완벽한 기준이 저 세계에 있다는 것이다. 우리가 살아야 할 이유, 목적, 의미는 여기가 아닌 저기에 있다. 플라톤의 용어로 말하자면 이상적인 원형 내지는 기준, 즉 형상eidos은 우리가 사는 현상적이고 경험적인 세계에는 있지 않고, 그것을 부분적으로 나누어 갖고 있을 뿐이다. 이 세계는 부분적으로 정도껏만 형상을 가지고 있기에 결코 완전하지 않다. 그러므로 우리의 삶의 기준은 여기가 아니라 저 세계에 있고, 우리는 필연적으로 늘 부족한 채, 완벽을 위해 노력해야 한다. 그래야 사후에 완전함의 세계로 갈 수 있을 것이다. 내세를 목표로 하여 바람직한 삶을 살기 위해서는 감각적인 세계의 것인 몸의 요구와 욕망에 빠져 있어서는 안 된다. 일례로 피타고라스 학파의 경우, 내세와 영혼의 불멸을 당대인들처럼 평범하게 믿는 것을 넘어서서 학문적 연구뿐만 아니라 종교적 차원의 수련을 했다고 알려졌는데, 이 수련에는 금욕적 요소가 있다. 영성수련에 금욕 나아가 고행의 요소가 들어가는 것은 다양한 문화권에서 드물지 않은 일이다. 금욕이나 고행은 모두 몸을 상대로 한다. 정신적 금욕이나, 마음의 고행이라는 말은 들어 본 적이 없다.

몸에 대한 관점 전환

요컨대 유심론은 몸을 극복해야 하는 것으로 여긴다. 몸은 인간의 일부 내지는 요소이지만, 중요하지 않으며, 다스리고, 통제하고, 극복해야 하는 부분이다. 서양철학의 역사에서도 계속 몸은 평가절

하 되어 왔으며, 특히 근대 철학에서는 영혼 등의 종교적 어조를 풍기는 단어는 이성reason으로 대체되어 인간＝이성의 공식이 성립하게 된다. 니체Friedrich Nietzsche는 이러한 서양철학의 전통을 비판하면서 몸이 곧 새로운 이성이라는 당시로서는 도발적인 주장을 했다. 니체가 활동했던 18세기 말, 19세기 초는 몸-마음 문제에 대한 인식 전환이 일어난 시기이다. 이러한 경향은 특히 프랑스 철학계에서 두드러진다. 멘 드 비랑Marie François Pierre Gontier Maine de Biran은 의지를 신체적 운동과 동시에 나타나는 것으로 봄으로써, 사유하는 실체와 연장하는 실체의 구분을 해소하고 정신 활동을 몸의 활동 속에서 구체화한다. 이러한 사유는 베르크손Henri-Louis Bergson으로 이어진다. 베르크손은 몸과 정신이 다른 것이지만, 나눌 수 없이 연결된 것으로 보는 관점을 제시한다. 사르트르와 메를로퐁티가 파리고등사범학교에서 수학하던 시절, 프랑스의 거의 모든 대학의 철학과에서는 베르크손을 비중있게 가르쳤다. 그들의 지적 배경에는 후설 뿐만 아니라 공통적으로 베르크손도 있는 것이다. 그 영향을 한마디로 요약하기에는 무리지만, 무엇보다도 몸과 마음을 관계성 속에서 사유한다는 것, 그리고 몸을 객관화하는 대신, "살아있는 몸corps vivant"으로 파악함으로써 생명체로서 목적이 있는 운동을 하는 능동적인 몸을 이해할 수 있다는 점 등을 들 수 있다. 이러한 아이디어에 의해 의식 활동은 몸 없는 정신의 활동이 아니라 몸으로 하는 활동으로 설명될 수 있다. 특히 이 부분을 메를로퐁티는 적극적으로 수용한다. 이러한 사유 속에서 몸은 더 이상 기계인형이 아니라, 살아있는 것으로 적극적으로 사유한다. 또한 몸은 인간의 부속물에 불과한 것이 아니라 인간 자체로서 사유할 수도 있다. 또한 관점의 전환에 따라 몸은 죄 짓는 그릇이라는 규정에서 벗어나 생명력, 주체성, 활동과 관련하여 해명할 수 있다.

베르크손 이후, 사르트르와 메를로퐁티는 몸과 마음의 이원론에 대하여 어떤 입장을 취하는가? 그들은 이원론의 난점을 어떻게 극복하는가? 사르트르부터 먼저 살펴보자.

2
몸과 마음에 대한 사르트르의 생각

앞에서 보았다시피, 데카르트의 심신이원론에는 정신과 몸의 만남, 나와 나의 몸의 관계가 설명되지 않는다는 난점이 있다. 사르트르는 이러한 난점을 극복했는가? 대답은 미묘하다. 단적으로 말하자면, 나와 나의 몸의 관계는 해결해야 할 문제가 없다. 나와 나의 몸은 동일하기 때문이다. 단지 문제는 나를 넘어선 차원부터 발생한다. 이는 대자존재와 대타존재는 다른 두 개의 실재질서에 속한다는 가정과 관련한다. 보다 일반적인 용어로 다시 말하자면 주관과 객관은 서로 다르고 서로에게 환원하거나 교환하지 않는다. 이런 이유로 사르트르는 몸을 세 가지로 나누어서 설명한다. 물론 나의 몸[나인 몸]은 하나이다. 그렇지만 이 몸은 서로 소통이 불가능한 다른 세 가지 존재 차원을 갖는다. 대자존재와 대타존재, 그리고 여기에 더하여 다른 사람에게 보인 나의 몸이라는 세 번째 차원이 그것이다.

대자존재로서의 몸

사르트르가 보기에 인간이 "세계-내-존재"라는 사실은 출발점과 다름없다. 대자가 세계 속에 존재하고 의식이 세계에 대한 의식이라는 것은 의식이 구체적인 시점도 없이 세계 위를 비상하고 특정한 위치도 없이 세계와 자신의 관계를 바라본다는 것이 아니다. 대자가 세계 속에 있다는 것은 "컵은 '나에게 있어서는' 오른쪽에 있다"(*EN*., 345/517)는 식으로 이해해야 한다. 즉 대자존재는 자신(에 대한) 의식이면서 그러한 의식이 자신을 초월할 때 몸으로서 그렇게 한다. 따라서 의식은 곧 몸이다. 앞서 보았다시피 의식은 그 자체로는 내부가 없는 텅 빈 무이다. 빈 내부는 외부의 것들로 채워질 때에만 실재성을 갖게 되며 존재라고 말할 수 있는 것이 된다. 이런 면에서 의식은 초월해야만 한다. 의식이 초월할 때 그것은 몸으로서 다른 존재와 관계를 맺는다. 몸과 의식은 두 개의 실체로서 결합하는 것이 아닌 이미 처음부터 '하나'이다. 사르트르에게 있어 몸은 외재하는 물체인 탁자처럼 존재하는 것이 아니라 나에 대해서 존재한다.

대자존재로서의 몸은 세계 속에서 무엇인가를 하는 주체이다. 사르트르에 따르면 대상에 대한 의식은 정립적, 반성적, 조정적이지만, 의식 자신에 대해서는 비정립적, 선반성적, 비조정적이다.[4] 그렇다면 이 첫 번째 차원에서 몸에 대한 의식 역시 마찬가지이다. 이 수준에서 의식은 내 몸(에 관한) 내 의식의 구조를 취하게 된다. 즉 나-신체와 나-의식은 동일하다. 그런데 대자는 세계의 대상들을 인식하고 세계에 참여한다. 대자는 본질상 세계에 대한 관계, 세계와의 관계에서 성립한다. 대자는 자신이 아닌 세계가 존재하도록 만들면서 그 자신은 존재임을 부정한다. 이렇게 함으로써 의식과 세계는 관계를 맺어 각각 독립적으로 존재하지 않는다. 몸은 대자가 세계로 가는 입구이다. 대자 존재로서의 몸은 타인이 출몰하는 세계에 육화하는 의식이다. 오직 코기토의 순수한 실현 속에서만 나의 의식은 나 자신의 몸과 결합되지 않는다. 사르트르의 "몸에 대한 연구는 모든 점에서 타인과의 만남 위에 정초하고 있다."[5] 그렇지만 이 수준에서 사르트르는 몸(에 관한) 비조정적 의식만을 말하지 타인과의 관련은 언급하지 않는다. 사르트르는 타인과 관련한 몸을 후술할 존재론의 다른 영역에서 취급한다.

---

4 조정적(thétique) 태도는 의식이 외부의 대상을 지향하여 그것으로 자신의 지향성 구조를 채우려고 할 때 취하는 태도이다. 즉 의식은 외부 대상에 대해서는 '-에 관한 의식'이다. 그러나 자기 자신에 대해서는 비정립적·비조정적 태도를 취한다. 한편 반성이란 의식이 자신의 지향성을 발휘하고 있는 동안 이 지향 작용 자체에 주의를 기울여 되돌아보는 행위를 의미한다. 의식이 자기 자신과 관계를 맺을 때에는 선반성적 또는 비반성적 차원에서 관계를 맺는다.

5 리차드 M. 자너, 『신체의 현상학: 실존에 바탕을 둔 현상학』, 최경호 옮김, 서울, 인간사랑, 1993, p.136.

사르트르를 따라서 그가 말하지 않은 부분은 뒤로 미루고, 여기에서는 대자존재로서의 몸과 대자존재로서 의식 간의 관계에 초점을 맞추자. 나는 지금 글을 쓰려는 계획을 펼치고 있다. 이 목적을 위해 나는 손을 자판 위에 올려놓고 움직이고 있다. 이때 손은 나에 대한 대상이 아니다. 나는 나의 몸을 생각하지도, 반성하지도 않은 채, 몸을 넘어서고 있다.[6] 이런 점에서 나의 몸은 항상 초월되어야 할 무엇이고, 침묵하고 지나칠 무엇이다. 나의 몸은 그 자체로 대자가 그 자신이 아닌 것이 되기 위해[부정되기 위해] 외부 세계에 참여하는 조건이다. 타이핑을 하는 나의 몸에 대한 의식은 표시signe에 비유할 수 있다. 표시는 그 자체가 아니라 다른 것을 파악하기 위해 뛰어 넘어서야 하는 것이다. 대자의 몸 또는 대자적 몸에 대한 의식은 몸(에 대한) 의식이라고 표기해야 옳다. 몸에 대한 의식은 내 앞에 있는 사과에 대한 의식과는 완전히 다르게 "측면적이고 회고적인 의식"(EN., 370/553)일 뿐이다. 그것은 비조정적 의식이다. 신체화된 의식은 사물에 영향을 미칠 수 있으며 영향을 받을 수도 있다. 사르트르가 밤새 책을 읽다가 눈에 고통을 느꼈을 때 그 고통은 실제적인 대상들 사이에 객체로서의 몸에 있지 않다. 고통은 "의식의 '거기-있음'이며 세계에 대한 의식의 결합"(EN., 373/558)이다. 삶을 통해 느끼는 고통은 세계 속에 있는 것이 아니라 의식이 거기에 있음 세

---

[6] 만일 나의 신체를 반성한다면 이때 신체는 체험하고 있는 신체가 아니라, 다른 차원의 신체, 즉 대타적 신체이다.

계에 결합함의 문제이다. 그러므로 우리는 의식이 그 눈을 고통스러운 것으로 실존하게 한다고 말해야 한다. 나-의식이 나-몸을 실존하게 한다. 대자-의식은 대자-몸과 실존적 관계를 맺는다. 대자로서의 몸(에 관한) 의식은 의식이 자기(에 관한) 의식의 구조를 취하는 것과 같은 구조를 취한다. 나-몸과 나-의식은 동일하다. "의식은 몸 외의 다른 아무것도 아니다"(*EN.*, 370/553).

대타-몸

몸의 두 번째 존재론적 영역은 대타-몸, 즉 타인을 위한 몸이다. 즉 내가 보는 다른 사람의 몸 다른 사람이 보는 나의 몸이다. 다른 사람이 나의 몸을 보는 방식이나 내가 다른 사람의 몸을 보는 방식이나 마찬가지이므로 내 입장에서 타인의 몸을 설명하는 것이 용이할 것이다. 타인은 몸으로서 나의 시선에 출현한다. 즉 나는 타인을 인식할 때 무엇보다도 몸으로서 지각한다. 사르트르는 이 타인의 몸이 이중적 구조 내지는 애매한 구조를 가진 것으로 기술한다. 타인은 다른 사물들과 같이 나에게 나타난 하나의 현상이며, 저기 나무 밑에 있는 그것의 존재를 지시한다. 이런 점에서 그것은 대상이다. 그렇지만 타인의 몸은 나무와 같은 대상은 아니다. 나무 밑에 사르트르가 걷고 있다 생각해 보자. 걷고 있는 사람의 몸은 매 순간 이전 순간을 벗어나고 있다. 타인의 몸은 그 자신의 몸을 항상 초월한다. 타인의 몸은 초월된 몸이다. 이를 1차적 초월이라고 하자. 초월된 타인의 몸은 그것을 지각하거나 인식하는 나로부터도 항상 초월해 있다. 이것이 이중적 구조의 두 번째 면으로 2차적 초월이라 부를 만한 것이다. 즉 타인의 몸은 "초월된 초월transcendance transcendée"이라는 이중적 구조를 갖는다. 이러한 구조를 갖는 타인의 몸은 있는 그대로 파악할 수 없다. 검시대 위에 놓인 시체는 해부학자의 시선 속에서 파악될 수 있을 것이다. 그렇지만 살아있는 타인의 몸이 나에게 나타날 때 그것은 나의 지각이나 인식 등을 계속 벗어난다.

이 이중적 구조를 다음과 같이 말할 수도 있다. 타인의 몸은 일단 몸으로서 하나의 대상이다. 그렇지만 그것은 심적 대상이다. 즉 심적인 것을 드러내고 있는 대상이다. 사르트르는 하나의 대상이라는 점이 특별히 까다로운 설명을 필요로 하는 부분이 아니라고 생각한 듯하다. 그는 두 번째 초월 부분을 기술하는 데 페이지를 많이 할애한다. 내가 사르트르를 보았는데 그가 주먹을 쥐고 있었다. 이 주먹 쥔 손은 단지 그것만 지각되지 않는다. 눈을 치켜뜨고 있고, 입꼬리가 실룩이고 있다. 그는 화가 난 것이다. 주먹 쥔 손은 상황 속에서 몸 전체로서 이해되는 것이다. 심적 대상이라고 할 때 몸과 분리된 심리가 몸을 통해서 표현된다고 생각해서는 안 된다. 심적 대상은 곧 몸이다. 이런 의미에서 "초월된 초월"인 몸은 "항상 자기 자신의 ―저편을 가리키는― 몸"이기도 하다(EN., 390/585). 또한 타인의 몸은 나무와는 달리 세계의 중심, 상황의 중심이다. 나무와 벤치 등이 있던 공원은 걸어들어오는 사르트르의 몸으로 인하여 또는 그의 몸을 중심점으로 하여 어떤 의미를 띠는 상황이 펼쳐질 수 있다. 물론 이는 대자존재의 시선이 관련되는 한에서이다. 어쨌든 타인은 나무와 달리 자유로운 존재이다. 여기에서 자유란 "일반적으로 하나의 상황을 존재하게 하는 능력"을 의미한다.

그런데 상황을 존재하게 할 수 있는 것은 대자의 능력이 아니던가? 현상학의 관점에서 상황은 매우 주관적이다. 즉 내가 관심을 갖지 않는 외국의 어느 산 정상은 나에게는 상황이 아니다. 지금 걷다가 돌멩이를 밟아서 휘청하게 된 것이 나에게 상황이다. 상황이란 대자의 어떤 목적이나 의도가 즉자와 결합할 때 펼쳐지는 것이다. 그러므로 대자존재로서의 인간은 "상황 내 존재"이다. 그런데 사르트르는 타인 역시 그렇다고 말하고 있다. 타인이 나와 마찬가지로 대자적 존재이거나 주관적 존재라는 것을 인정하는 것인가? 물론 그래야 할 것이다. 그러나 사르트르는 말한다. "이 뛰어넘기[초월성]는 나에게 하나의 주관성을 가리키는 것은 아니다." "타인의 신체성과 대상성은 아무리 해도 분리할 수 없는 것이다"(*EN.*, 390/585). 사르트르로서는 이렇게 결론지을 수밖에 없는데, 타인은 무엇보다도 신체적 존재이고, 그러한 한 대상의 집합(사르트르식으로 말하자면 존재론적 질서)에 속할 수밖에 없기 때문이다. 그렇지만 우리가 지금 확인했다시피, 동시에 그는 타인의 몸을 그저 대상이 아닌 심적인 대상으로 보고 있는 주체로부터 초월하며, 상황의 중심점이 되는 특수한 대상으로 기술한다.

신체의 두 번째 존재론적 영역은 이와 같이 한편으로는 의식이 그 대상을 지향하는 양식으로, 다른 한편으로는 대자와 타인의 만남으로 그 성격을 기술한다. 내가 타인의 신체를 대상으로서 이해할 때, 타인의 신체에 대한 나의 의식은 조정적이다. 마찬가지로 타인 역시 같은 방식으로 나의 신체를 이해할 것이고 따라서 그가 의식하는 나의 신체는 하나의 대상일 것이다. 한편 시선을 통해 내가 다른 사람의 의식의 대상인 나의 신체를 인식할 때, 내가 나의 몸에 닿는 객관화하는 시선을 느낄 때의 나의 경험은 선반성적인 경험이다. 나는 대상으로 보이고 간주된 경험을 가질 뿐이지, 나의 신체를 타인의 의식 대상으로 반성적으로 정립하지 않는다.

다시 말해서 한편으로 타인의 몸(대타-몸)은 조정적 내지는 정립적으로 나에게 의식되고, 다른 한편으로 타인에 의식된 나의 몸(대타-몸)은 비반성적으로 의식된다. 그런데 타인의 시선에 나의 신체가 출현하게 되어 그가 나의 신체를 인식하게 될 때, 나는 수치심이나 불안을 느끼게 된다. 이는 나의 의식과 신체(여기서는 대타-신체)간의 어떤 공모가 있음을 암시한다. 즉 대타 신체가 선반성적 또는 비반성적으로 경험된다는 것은 시선의 실존적 충격이 직접적이라는 것을 의미한다. 그러나 다른 한편 대타 신체가 대상으로서 정립된다는 주장은 의식과 그것 사이가 직접적이지 않고 일정 거리를 두고 있음을 내포한다. 그런데 사르트르는 직접성과 거리 중 하나만을 취하지 않고 둘 다 취하고, 따라서 이러한 이중적 입장은 결국 난점으로 남는다.

대타 신체에 대한 사르트르의 입장이 이중적으로 보이는 이유는 무엇일까? 그것은 대타 신체에 첫 번째 존재론적 영역과 세 번째 존재론적 차원이 모호하게 얽혀있기 때문이다. 다시 말해 "사르트르가 대타 신체에 관해 말한 것이 주시된 존재(에 대한) 직접적인 경험을 포함하는 한에서는 첫 번째 존재론적 차원의 내부에 속하는 것으로 보이지만, 그것이 반성적 객관화의 거리를 포함하는 한에서는 세 번째 차원에 속하는 것으로 보인다."[z] 이제 이 세 번째 차원이 무엇인지 알아볼 차례이다.

몸의 제3의 존재론적 차원

이번에는 가로수 옆을 지나며 걷고 있는 나를, 나의 몸을 사르트르가 본다. 사르트르가 본다는 것을 알기 전까지 나의 몸은 나에게는 대자-몸이며, 그에게는 대타-몸이었다. 그런데 지금 누군가가 나를 보고 있다는 것을 내가 알았다. 이것이 몸의 세 번째 존재론적 차원이다. 즉 나는 타인의 시선 아래에서 초월된 것으로서의 초월인 몸을 경험하게 된다. 대타 신체는 심적 존재로서 특수성을 가지고 있지만 존재론적으로는 대상의 범주에 속한다. 타인의 시선 속에서 나의 몸은 대상이 되는 것이다. 이러한 경험은 나의 몸이 "나로부터 벗어나는" 경험이며, 나의 몸이 "나에게서 탈출"하는 것 같은 경험이며, "나의 세계가 유출"되는 경험이자, 나의 몸이 "남의 것이 되는" 경험, "끊임없는 거북스러움", "난처함"을 느끼게 되는 경험이다. 우리는 지하철 맞은편 자리의 사람과 눈이 마주쳤을 때 이러한

[z] Martin C. Dillon, "Sartre on the Phenomenal Body and Merleau-Ponty's Critique," *The Debate between Sartre and Merleau-Ponty,* J. Stewart(ed.), Evanston, Northwestern University Press, 1998. p.130.

경험을 하곤 한다.

타인의 시선이 출현하여, 나는 나를 세계 한복판에 있는 사실적 존재로 발견하게 된다. '내'가 나의 밖으로 흘러나가 하나의 사실적 존재로 굳어지는 것이다. 이때 나는 나의 대타-몸을 경험하고 있는 것이다. 나는 주체이므로 이 대타-몸을 소유하거나 통제하고자 할 수 있으나, 이는 불가능한데 대타-몸은 원리적으로 나의 손이 미치지 않는 곳에 있기 때문이다. 남의 것이 되고 있는 대타-몸을 나의 것으로 하려는 시도는 "거꾸로 나한테서 벗어나서 나로부터 거리를 두고 '대타-몸'으로서 굳어진다"(*EN.*, 394/589).

그런데 이 몸은 나에 대한 몸, 즉 대아-몸이기도 하다. 대아-몸은 대자-몸과는 다르다. 대자-몸은 의식 되지 않는다. 아니 의식 자체이다. 그러나 나의 몸을 반성이나 사유의 대상으로 삼을 때, 몸에 대해 조정적·정립적 태도를 취할 때, 나의 몸은 대아-몸이 될 것이다. 이 대아-몸은 대타-몸을 통해서만 인식된다. 두 달된 아기는 눈 앞에 왔다 갔다 하는 자기의 손이 '자기'의 '손'인지 알지 못한다. 아기가 그것을 알게 되려면 먼저 다른 사람의 몸에 대해 알아야 한다. 타인의 몸에 대한 지각이 우선되어야 나의 몸에 대한 지각이 가능하다. 아기뿐만이 아니라, 우리의 대아-몸은 "끊임없는 타유화"이다. 우리가 우리의 몸을 구성할 수 있는 것은 타인의 의식을 통해서이기 때문이다. 대상으로서의 내 몸에 대한 인식은 대타-몸의 경험 위에서 성립한다. 이러한 설명을 통해 우리는 질병 경험에 대한 사르트르의 설명도 이해할 수 있다. 위통을 느낀다고 해보자. 아픔을 겪는 와중, 이 아픔은 이름도 붙여지지 않았고 고찰되지도 않았다. 이 아픔은 경험 자체이며 반성되지 않았으며 위 자체이다. "위통이라는 것은 괴로움이라고 하는 순수한 성질로서 의식에 현전하고 있는 위이다"(EN., 396/592). 그런데 의사의 앞에서 의사와 대화를 나누며 이 위통은 드디어 내 안에서 벗어난다. 그래야 질병으로서 구성이 된다. 의사에 의해 질병은 인식되고 기술됨으로써 순수한 심적 상태 이상이 된다. 타인과 공유되는 형태, 객관화, 타유화가 될 때, 위 궤양이라는 진단을 받을 때 비로소 고통으로서의 위는 말하자면 대타-위의 존재론적 지위를 갖는다. 다시 한 번 강조컨대 대아-몸은 타인의 관점을 취할 때 나의 고유성을 벗어날 때 성립한다.

사르트르는 경험하고 있는 반성 이전의 나의 몸과 객관화된 나의 몸의 두 층위를 구분하고 있다. 물론 나의 몸은 하나지만, 하나의 몸이 경우에 따라 두 층위를 오가는 것이다. 전자는 주체의 몸 또는 주체인 몸이고 후자는 대상인 몸이다. 사르트르는 이 점을 분명히 한다. 만일 한쪽 눈으로 다른 쪽 눈을 보는 것이 가능하다면, "이 경우에 보이게 되는 쪽 눈은 사물인 한에서 보이는 것이지, 귀추존재인 한에서 보이는 것이 아니다. 마찬가지로 내가 한 손으로 다른 쪽 손을 잡을 때, 이 다른 쪽 손은 잡은 손으로서의 한에서 파악되는 것이 아니라, 파악될 수 있는 대상으로서의 한에서 파악되는 것이다"(EN., 399/596-7).

현상적 몸과 객관적 몸

사르트르는 몸의 존재론적 차원을 세 가지로 나누어 설명했다. 대자적 몸은 나의 초월하는 몸이며, 곧 의식이다. 의식은 초월을 해야만 의식이다. 그런데 의식이 자기 밖으로 초월하여 다른 존재와 관계를 맺을 때 신체의 방식으로만 그렇게 한다. 의식의 존재방식인 대자는 몸과 동의어이다. 그러나 타인의 몸은 그렇지 않다. 그것은 다른 대자존재가 정립하고 조정한 대상이다. 물론 대타-몸은 사물과는 달리 심적 존재이긴 하지만 말이다. 그래서 타인의 시선에 의해 나의 몸이 대상이 되어버리는 것은 다시 말하자면 타인의 시선이 닿음과 동시에 나의 몸이던 것이 남의 것이 되어버리는 난감한 경험이다. 사실 난감하다는 것은 너무 약한 표현일 것이다. 『존재와 무』 곳곳에서 사르트르는 타인을 시선을 던지는 자로 등장시킨다. 사르트르는 대자존재를 세계의 "귀추중심centre de référence"으로 기술한다. 즉 대자존재는 공원에서 자기를 중심으로 세계를 지각하고 의미를 부여한다. 대자존재만이 그렇게 할 수 있다. 공원의 나무나 벤치는 그렇게 하지 않을 것이다. 나는 귀추중심으로서 공원에 서서, '저기 나무가 있군' '저 벤치는 편해 보이는군' 하고 생각할 수 있다. 또한 '저기엔 사람이 있네'라고도 생각할 것이다. 그렇지만 사람은 나무나 벤치하고는 다른데, 그 역시 중심에 서서 하나의 세계를 형성하는 존재이기 때문이다. 그는 나의 세계를 훔쳐가는 존재이며, 나를 바라보는 존재, 나를 즉자화하는 존재이다. 타인은 나에게 "수치심honte"을 안기는 존재이다. 수치심은 대자존재의 즉자존재로의 존재론적 지위 하락에서 기인한다. 달리 표현하자면 주체인데 대상으로 다루어지는 데서 오는 느낌이다. 사르트르는 시선에 존재론적 특권을 부여하는 것처럼 보인다. 즉 시선을 던지는 존재는 세계의 중심에서 의미를 부여하는 주체이고, 시선을 받는 것은 대상이다. 그런데 대자존재인 우리는 시선을 던지기도 하고 받기도 한다. 시선의 주체이자 대상이기에 몸은 대자적인 면도 있고, 대타적인 면도 있으며, 대타적인 몸에 당혹스러워하는 대자의 면도 갖고 있다.

이 당혹감을 해결할 방법은 없을까? 사르트르의 설명 내에서는 답을 찾을 수 없다. 우리는 주체이기도 하고 대상이기도 한 몸을 경험한다. 주체가 대상이 되는 경험은 당혹스러울 수밖에 없다. 게다가 꼭 나쁜 것도 아니다. 질병에 대한 설명을 환기해 보자. 몸은 타유화될 수 있다. 이 때 몸은 대타-몸이다. 그리고 몸이 타유화된다는 것은 곧 몸이 객관화되었다고도 할 수 있다. 인식이나 언어화 이전의 고통스러운 심리 그 자체인 위가 아니라, 풍선 모양을 한 주머니이고, 1에서 10단계 중 7단계의 고통을 담고 있는 위 말이다. 우리는 이러한 위에 대해 의료진과 '언어'를 가지고 이야기를 나눌 수 있다.

이처럼 언어로 표현되고, 인식되고, 그것에 대해 생각할 수 있는 몸이 있다. 이러한 몸을 객관적 몸이라고 부를 수 있을 것이다. 우리는 몸을 (어느 정도) 객관화 할 수 있으며, 객관화할 필요가 있다. 그래야 의사에게 증상을 설명할 수 있을 것이다. 데카르트가 기계에 비유했던 몸도 역시 몸의 객관화이다. 그러나 몸은 항상 또는 완전히 객관화되는 것은 아니다. 축구를 할 때, 선수는 자신의 동작 하나 하나를 의식하지 않고 그렇게 한다. 축구선수는 만화에서처럼 '상대 보다 내가 빠르다. 돌격한다'라고 머릿속에 있는 또 다른 자신과 대 화를 하지 않는다. 생각을 하고 있을 여유가 경기 중엔 없기 때문에, 그는 생각하지 않고 그렇게 한다. 지금 나는 손가락의 움직임과 자 판의 배열을 일일이 보거나, 머릿속에 떠올리지 않고 타이핑을 하고 있다. 이러한 예를 통해서 말하고자 하는 것은 반성 이전의 몸의 경 험이 있다는 것이다. 이러한 경험을 우리는 사후에 묘사할 수 있다. 선수가 기자 앞에서 하는 것처럼, 환자가 의사 앞에서 하는 것처럼 말이다. 언어화되거나 사유의 대상이 되기 전의 고유한 체험으로서 의 몸의 차원을 객관적 몸에 대비하여 현상적 몸이라고 부르자. 객 관적 몸은 대상인 몸이나, 현상적 몸은 체험 중인 혹은 체험된 몸으 로 대상이 된 몸이 아니다. 그 체험이 반성되어야 객관적 몸이 될 것 이다. 객관화 이전, 반성 이전의 체험으로서의 몸이 현상적 몸이다. 현상적 몸은 주체인 몸이다.

사르트르의 설명에서 대자-몸은 현상적 몸이며, 대타-몸은 객관 적 몸이다. 객관적 몸에 대한 현상적 몸의 체험은 제3의 차원이라고 할 수 있을 것이다. 문제는 이 제3의 차원이 '과연 객관적 몸과 현상 적 몸의 종합인가?' 하는 점이다. 우리는 우리의 몸을 고유하게, 현 상으로서 체험하기도 하면서 한편으로 객관화하기도 한다. 사르트 르는 이 두 차원을 존재론적으로 분명히 구분하였다. "우리는 몸의 이런 두 가지 모습은, 서로 소통이 불가능한 두 개의 다른 존재 차원

에 근거하므로, 한쪽을 다른 한쪽으로 환원할 수 없는 것임을, 우리
는 부디 명심해 두어야 한다. … 대자존재는 몸에 결합될 수는 없을
것이다. 마찬가지로 대타존재는 전체적으로 몸이다"(*EN*., 344/516).
결국 종합은 불가능하다. 소통이 불가능한 두 차원이 있을 뿐이다.
사르트르의 대자-몸은 데카르트의 심신이원론의 난점, 즉 몸과 마
음의 결합 문제를 해결했다. 대자존재는 의식이자 이미 몸이라 결
합을 할 필요가 없다. 그러나 이번에는 현상적 몸(사르트르에게서는 대
자-몸)이 객관적 몸과 원리상 구분되어 버린다. 이러한 점을 염두하
고 다음 장으로 넘어가자. 다음 장에서는 이와는 대비되는 메를로
퐁티의 신체론을 다룰 것이다.

3

몸과 마음에 대한 메를로퐁티의 생각

제 몸corps propre

앞 장에서 이미 메를로퐁티가 인간을 신체적 존재로 규정한다
는 점을 살폈다. 몸과 마음의 문제에 관한 메를로퐁티의 가장 기본
적인 입장은 이미 파악한 셈이다. 'corps propre'라는 단어는 『지각의
현상학』에 매우 빈번히 등장한다. corps는 몸을 뜻하고, propre는 영
어의 proper와 같다. '고유한' 또는 '자기 자신의'라는 뜻이다. corps

propre는 '제 몸'이다. 지금 마라톤을 마치고 서 있을 수 없으며, 다리를 느끼지 못하고, 온몸이 찢어진 폐가 된 것 같은 느낌을 느끼고 있는 바로 그 사람의 몸이다. 그 옆에 있는 사람은 선수를 보고, 많이 힘들어 한다는 것을 알 수는 있겠지만, 실제로 그 느낌을 겪는 사람은 뛰어온 그일 뿐이다. 제 몸은 무엇을 겪는가? 메를로퐁티는 제 몸의 체험을 충실히 기술한다. 특히 '제 몸의 공간성 그리고 운동성'이라는 제목을 붙인 『지각의 현상학』의 제1부 3장에서 메를로퐁티는 제 몸에 대한 현상학적 기술을 진행한다. 이 장에서 논의를 따라간다면 메를로퐁티의 신체론을 조망할 수 있을 것이다.

일단 메를로퐁티는 몸이 차지하고 있는 위치의 공간성으로부터 신체론을 시작한다. 제 몸뿐만 아니라 필통이나 달력같은 것도 나름의 위치를 차지하고 있다. 그렇지만 필통이 책상 위에 있는 것과 내 팔이 책상 위에 있는 것은 다르다. 내 팔은 필통과는 달리 나의 몸 전체에 연결되어 있다. 필통은 그저 놓여있기만 하나, 내 팔은 책상 위에서 자연스럽게 움직이며 목적을 가지고 무엇인가를 할 수도 있다. 이처럼 몸은 객관적인 공간을 변화시킨다. 앞서 사르트르의 주장, 대자존재가 귀추중심이 되어 의미를 내포한 상황이 생긴다는 주장을 환기해 보자. 상황은 결코 객관적이거나 중립적이지 않다. 그것은 특정한 목적을 갖는 주체와 관련해서만 성립한다. 메를로퐁티의 입장에서 이러한 주장은 당연한 것처럼 받아들여진다. 단지 메를로퐁티는 사르트르가 말하지 않은 부분에 주목한다. 공간에 상황이 펼쳐지는 것은 목적을 갖는 대자존재의 출현에 의한 것이

다. 대자존재의 출현의 의미는 다음과 같이 자세히 기술할 필요가
있다.

> 나는 나의 파이프가 있는 곳을 절대적으로 알고 바로 이것에 의
> 해서 나는 나의 손이 있는 곳과 나의 신체가 있는 곳을 안다. 마치
> 사막의 원주민이 걸어온 거리를 출발점에서 빗나간 각도를 떠올
> 리며 계산해 볼 필요도 없이 단번에 방위를 잡는 것처럼 말이다.
> 나의 신체에 적용된 '여기'라는 말은 다른 위치와의 관계 또는 외부
> 좌표와의 관계에 의해서 규정된 위치를 가리키는 것이 아니라, 최
> 초의 정돈된 정착, 대상을 향한 능동적 신체의 정박, 자기 과제를
> 맞이하는 신체의 상황을 가리킨다(*PP.*, 116-117/168).

몸 도식 schéma corporel

몽골의 초원에 간 한국인은 자신이 보기엔 계속 하늘과 땅뿐이
지 아무런 지형지물도 없는 곳에서 몽골인들이 지도도 네비게이션
도 없이 방향을 잘 잡아 어김없이 목적지에 도달하는 것을 보고 매
우 놀라게 된다. 한국인은 길이나 방향의 파악은 지형과 지물의 차
이에 대한 앎에 근거하기 때문이다. 그러나 몽골인은 한국인과는
다른 식으로 방향을 잡는다. 우리가 버스에 내려서 집으로 갈 때 아
무 생각없이 방향을 잡는 것처럼 몽골인은 초원에서 근거없이 방향
을 잘 잡을 수 있다. 몽골인과 한국인은 다른 "몸 도식 schéma corporel"을
갖고 있는 것이다. 방향을 잡는 몸의 상황과 관련하여 메를로퐁티

는 말한다. "'몸 도식'은 나의 신체가 세계를 향해 내적으로 존재하고 있다는 것을 표현하는 하나의 방식이다"(PP., 117/169). 대자존재는 단지 출현하는 것으로 상황을 조직하는 것이 아니라 몸을 통해 의도를 펼칠 때, 신체적 지향성을 뻗을 때 상황 또한 조직한다.

어딘가에 상황이 아닌 공간은 있다. 그러나 그것이 신체적 공간이 되면 또는 신체적 공간과 결합하게 되면 그것은 인간의 특수한 실천적 공간이라는 성격을 갖게 된다. 이를 더 잘 설명하고자 메를로퐁티는 특수한 사례를 제시한다. 슈나이더는 다른 사람이 그의 머리에 손을 대고, '내가 당신의 어디에 손을 댔는가?'라고 물으면 대답을 못한다. 나무 자로 콧등을 가리키라는 지시도 이행하지 못한다. 이 사람이 모든 움직임을 못하거나 인식하지 못하는 것은 아니다. 놀랍게도 그는 가방을 만드는 일을 하고 정상인의 75%의 능률로 그것을 한다. 또 모기가 그의 얼굴을 물었을 때, 물린 곳을 긁을 수 있다. 즉 그는 익숙하고 구체적인 상황에서 운동을 할 수 있다. 그가 못하는 것은 그러한 맥락으로부터 분리된 추상적 운동이다. 이는 슈나이더의 몸 도식이 그의 일상, 친숙한 세계에서 형성되었다는 것을 보여준다. 따라서 그는 친숙한 세계에서의 구체적인 행동은 할 수 있지만, 자기 몸을 객관적으로 표상하지는 못한다. 이를 통해 "추상적인 운동은 객관적인 공간에서 객관적으로 표상되면서 판단 정립적인 의식에 의해 구축되는 것으로, 현상의 질서 속에서 이루어지는 구체적인 운동과 전혀 그 성격을 달리한다"[8]는 점을 알 수 있다. 그러면 우리는 어떻게 추상적인 운동을 할 수 있는가?

마치 훈련소에서 걷는 법이나 경례하는 법을 배울 때처럼 구체적인 운동으로부터 추상적인 운동을 인위적으로 추출함으로서 추상적인 운동을 할 수 있다. 구체적인 운동은 제 몸의 자연스러운 운동이고 추상적인 운동은 일부러 만든 운동이다. 구체적 운동은 사유를 거치지 않고 바로 나오는 운동이고 추상적인 운동은 정립적인 의식에 의해 야기된다. 이런 차이는 있지만 추상적 운동조차 그것이 가능하려면 구체적 운동의 바탕이 있어야 한다. 지금 당신의 등을 꼬집은 후 거기서 5cm 아래를 짚으라고 하면, 정확히는 못해도 어느 정도 할 수 있을 것이다. 어렸을 때부터 축적된 우리의 구체적 행동이 없다면 '5cm'나 '아래' 등의 개념을 우리가 갖는 것은 불가능하다. 추상적 운동을 위한 객관적 표상은 구체적 운동의 바탕 위에서 가능하다.

환자뿐만 아니라 모든 사람의 몸 도식과 실존적 상황은 떨어뜨릴 수 없이 연결되어 있다. 평소에 전혀 신지 않던 하이힐을 신고 나간 날은 세계 자체가 달라진다. 늘 보던 사람들의 눈이 평소보다 아래에 있고, 익숙한 강의실 내부와 의자마저 조금 다른 모습으로 보인다. 그리고 무엇보다 당황스럽게도 잘 걸을 수 없다. 만일 하이힐을 일주일 내내 신는다면 첫날 이상했던 모든 것은 익숙해질 것이다. 몸 도식이 새롭게 변형되었기 때문이다. 몸 도식의 개념을 통해 우리는 위치하고 있는 공간 또는 주위의 상황과 관계 맺는 육화된 의

---

8   조광제, 『몸의 세계, 세계의 몸』, 이학사, 2004, p.151

식, 제 몸의 의식을 이해할 수 있다. 또한 이러한 이해에 따르자면 몸은 객관적인 몸으로 환원될 수 없다. 물론이다. 객관적인 몸은 반성의 결과일 뿐이다. 반성 이전에 현상적 몸이 있다. 이 몸은 이해된 몸이 아니라 겪어진/겪는 몸이고, 살아 있는 몸이다. 이 몸은 그저 있지 않고, 행동하는 몸이다. 곧 세계 속에 "닻을 내리고서" 주체의 삶의 목적을 실현하고 있는 몸이다. 몸과 상황은 불가분적이다. 왜냐하면 몸은 뭔가를 하고 있는 몸이기 때문이다. 즉 몸은 특수한 의미를 가지고서 상황을 향해 목적이 있는 방향을 정립하고 있다.

실존하는 몸

"실존_existence"이라는 단어는 키르케고르 이후 인간이 다른 존재자와는 다르게 존재한다는 것을 강조하기 위해 쓰여왔다.[9] 즉 인간 외의 존재자는 고정·불변하는 본질을 갖는 존재이지만, 인간만은 자신의 존재로부터 나와_ex, 자신을 어떤 존재일지를 스스로 실현한다. 특히 메를로퐁티는 실존을 세계와의 연관에서 특징을 서술한다. 실존은 세계에 대한 참여이다. 세계의 의미를 주체에 길어내는 것이기도 하며 주체의 의도를 외적으로 실현하는 존재 방식이기도 하

---

[9] 실존(existence)이란 단어는 키르케고르 이후 다음과 같은 의미로 쓰이게 되었다. '삼각형이란 3개의 직선에 의해 둘러싸인 도형이다.'라는 문장과 '여기에 연필로 그려진 삼각형이 있다.'라는 문장을 영어로 쓰자면 '이다'와 '있다'는 모두 be동사로 쓰게 된다. 그런데 전자의 '이다'는 삼각형의 본질존재(essentia)를 의미하는 한편, 후자의 '있다'는 현실존재(existentia)를 의미한다. 현실존재로서의 인간을 강조하는 철학을 통상 '실존주의(existentialism)'로 부른다.

다. 이러한 실존이 몸의 활동인 것은 당연하다. 이 점은 이전의 실존주의자들이 주목하지 않았던 부분이다. 몸은 실존 전체의 외적 수반물이 아니다. 몸은 실존의 실현 자체이며. 실존의 현실성이다.

이러한 몸은 인간만 갖는 특수한 몸이 아니라 생명체, 유기체 일반에 모두 해당한다. 메를로퐁티는 자연과 문화를 연속적인 것으로 본다. 이전의 실존주의자들은 실존을 인간의 고유한 존재방식으로 이해해 왔다는 점에서 실존의 외연을 이렇게 넓힌 것은 독창적이다. 그렇다고 해서 인간이 다른 유기체 특히 동물과 다른 점이 없다고는 말할 수 없다. 유기체 일반으로서 실존하는 신체적 존재라는 공통점은 있지만 인간의 실존에는 독특함이 있다. 예를 들어서 아기가 성장하면서 자기의 몸을 다루게 되는 과정을 생각해 보자. 아기는 뒤집고, 팔을 뻗고, 기는 행위를 실천적으로 배우며 자신의 몸에 통합한다. 아이는 말하자면 생물학적 생존의 차원에서 행동을 하고 그것을 습관화 시키며, 또한 습관을 통해 행동하지만, "그 아기가 어떻게 걷고 움직이고 자는지 등의 몸 동작에는 이미 문화가 스며들게 된다."[10] 아이는 자는지 등의 복잡하고 다양한 습관들을 몸에 익히게 된다. 처음에는 삶을 보존하는 것으로 그치지만(이 경우 행위자는 주위에 "생물학적 세계를 정립"한다), 마침내 "그 동작들을 통해 몸은 새로운 의미의 핵을 드러낸다." 때로 이 의미는 "신체의 자연적 수

---

[10] 한정선, "습관과 습관적 앎에 대하여,"『철학과 현상학 연구』제29집, 한국현상학회, 2006, p.5.

단"을 통해 취해질 수 없다. 이 경우에는 도구를 만들어야 하며, 행위자는 주위에 "문화적 세계를 기투"(PP., 172/233)한다. 아이가 자라면 자랄수록, 몸은 더 생물학적·문화적 몸이 된다. 인간은 환경에 단순하게 적응하는 것이 아니라 물질문화를 구성해 환경에 적응시킨다.

메를로퐁티는『행동의 구조』에서 인간의 행동은 동물의 행동과는 달리 "상징적"이라고 파악한다. 침팬지는 먹기 위해 바나나를 따는 행동을 한다. 침팬지의 목적은 생물적 종의 필요에 의해 정해진다. 인간 역시 먹기 위해 바나나를 딸 수 있다. 그렇지만 그것이 전부가 아니다. 인간의 전형적인 행동은 "상징적"이다. 그것은 기호 사용을 포함하며, 그 덕에 "같은 것을 다른 관점에서 인식"[11]할 수 있다. 기호를 사용한다는 것은 행동과 그것의 이해 사이에 근본적으로 새로운 요소를 끌어들이는 것이다. 인간의 행위는 표현 하에 있다. 즉 같은 신체적 운동이 다른 표현 하에 다른 행동을 구성할 수 있다. 예컨대, 펜을 쥔 내 손의 움직임은 필기를 하는 행동을 구성할 수도 있고, 심심풀이 낙서를 하는 행동을 구성할 수도 있다. 내가 무엇을 하는지 그리고 왜 하는지를 이해하는 것은 나의 신체적 움직임과 그것의 신경학적 혹은 다른 원인들을 이해하는 것 이상의 중요성을 갖는다. 다시 말해 인간에게는 어떠한 생리적 원인들로 인해 이 행동을

---

[11] M. Merleau-Ponty, *Structure de comportement*, Paris, Presses Universitaires de France, 1977, 3e éd., p. 128.

하는지를 이해하는 것보다, 내가 하는 행동을 표현하고, 그 표현 하에서 행위를 수행하는 이유를 아는 것이 더 중요하다. 언어를 사용하는 동물은 대상들을 각각 다르고 개별적인 방식으로 기술할 수 있으며, 이러한 기술들은 진리치를 가질 수 있다. 그러므로 이러한 동물의 행위는 사물들의 고유한 가치와 진리에 열려있다.[12]

인간 행동의 실존적 가치는 종적인 차원과 개인적인 차원을 모두 갖는다. 유기체로서 몸은 "세계의 일반적인 형식에 선인칭적 prépersonnel 결합으로서의, 익명적이고 일반적인 실존으로서의 나의 유기체로서, 나의 개인적인 삶 아래에서 타고난 복합체의 역할을 한다"(PP., 99/146). 유기체로서의 몸은 세계와 결합해야만 한다. 이러한 결합을 일반적인 실존, 비개인적 실존, 선인칭적 실존이라 부를 수 있다. 다른 한편 이러한 일반적, 종적 실존이 나의 몸을 통해 구체적으로 실현될 때는 그것은 개인적 실존의 양상을 띨 수밖에 없다. 물론 이 두 실존은 실제로 이해해 왔다는 점에서 뒤섞여 통일된 채 실현된다. 이런 점에서 실존은 양의적ambigu, ambiguous이다.

---

[12] 물론 이러한 견해는 도전에 직면해 있다. 『호모데우스』에서 하라리는 인간은 다른 생명체와 마찬가지로 알고리즘의 총체일 뿐이라고 주장한다. 필기를 하는 것이나 낙서를 하는 것이나 알고리즘으로 환원이 되며, 주관성이라고 하는 것은 환상이거나 있다고 할지라도 중요하지 않다는 것이다. 하라리는 이러한 견해를 승인한 것은 생물학자들이라고 파악한다. 이 모든 것은 말하자면 참이든 거짓이든 사실의 영역에 속하는 것이다. 그러나 사실 또한 푸코 식으로 말하자면 에피스테메의 제한 속에 있다. 적어도 지금의 맥락에서 메를로퐁티는 주관성을 포기하지 않지만, 주관성에 대한 근대적 믿음을 의심하기 시작한 현대철학의 큰 흐름의 앞 쪽에 속한다고는 평가할 수 있다. 이 부분에 대한 검토는 조금 뒤로 미루자.

요컨대 인간이 실존한다는 존재라고 말하는 것은 인간이 신체적 존재로서 세계에 이미 참여해 있는 존재라고 말하는 것과 같다. 메를로퐁티에게서 몸-주체, 제 몸, 세계에의 존재, 실존자는 모두 같은 의미를 지닌다.

현상적 몸

현상학은 의식에 직접적으로 주어진 것, 즉 현상을 탐구한다. 현상학자는 몸을 어떻게 탐구하는가? 몸을 탐구하는 다른 분야의 연구자, 예를 들자면 생리학자, 생화학자, 의학 연구자의 방식과 현상학자의 방식에는 어떤 차이가 있을까? 지금까지 검토한 메를로퐁티의 주장을 통해 우리는 그 답을 내릴 수 있다. 현상학자는 현상적 몸을 다룬다. 현상적 몸을 다룬다는 것은 몸에 대한 우리의 체험을 기술한다는 것을 의미한다. 의사는 몸을 관찰하고, 진단하고, 치료한다. 의사가 인대가 늘어난 손목을 인격체의 일부로 여기지 않는 태도를 취한다면 환자의 마음을 상하게 할수는 있겠지만, 어쨌든 손목은 잘 치료할 수 있다. 의사가 몸을 잘 치료하려면 몸을 객관화해야 하고, 의술의 대상으로 자기 앞에 놓아야 한다. 그러나 그러한 의료 행위에도 객관화 이전의 몸의 경험은 있다. 그렇지 않다면 의사는 '욱신욱신하면서 찌르르해요'라는 환자의 말을 전혀 알아들을 수 없을 것이다. 언젠가 출현한다고 하는 AI 의사 역시 이러한 말을 어느 정도 알아들을 것 같다. 욱신욱신함과 찌르르한 느낌이 데이터화되어 있을 것이기 때문이다. 그리고 그 데이터는 사람 의사를 포함하여 실제로 아파본 사람이 제공할 것이다(어쩌면 환자의 증상에 대한 주관적 체험을 말할 필요없이, 전신 스캔이면 충분할지도 모르지만). 요컨대 의사가 치료하는 것을 객관적 몸이라고 할 때, 그 몸은 환자에게는 객관적 몸이기도 하고 현상적 몸이기도 하다는 것이다. 의사와 대화를 하면서 가리키고, 자신의 체험을 언어라는 매개를 통해 객관화하고 있으니 객관적 몸이고, 그 와중에 고통, 불쾌감, 수치심 등을 느끼기도 하니 동시에 현상적 몸이기도 하다.

그렇다면 현상적 몸을 탐구해야 하는 이유는 무엇인가? 후설이 제시한 현상학의 근본적 이념은 "사태 그 자체로"라는 구호로 요약할 수 있다. 여기에서 사태는 현상, 경험한 것으로 대체할 수 있다. 유사하게 메를로퐁티는 체험한 세계와의 직접적인 접촉을 회복하는 것이 현상학의 목표라고 주장했다. 학문은 그 대상을 객관화하는 데서 출발하나, 객관화 이전에 의미의 원천으로서의 세계, 순수하게naively 접촉한 세계, 체험하는 세계가 있다. 이 세계를 회복하는 것은 그 대상을 학문적 왜곡에서 구하는 것이다. 학문은 대상을 탐구하지만, 그 학문으로서 그렇게 한다. 의학은 몸을 질병의 예방이나 치료라는 목적을 가지고 다룬다. 생화학은 몸을 화학반응을 하는 물질(내지는 물체)로 간주한다. 그 목적에서 벗어나는 몸의 현상에는 관심을 두지 않는다. 물론 이러한 학문은 필요하고 유용하다. 하지만 몸의 축소환원 역시 불가피하다. 현상학자로서 메를로퐁티는 학문의 객관화 이전의 몸의 경험을 순수하게 기술하고자 하며, 이러한 시도로써 현상적 몸을 기술하였다.

메를로퐁티가 기술한 현상적 몸은 주체가 고유하게 겪는 "제 몸"이고, 이미 항상 "세계에의 존재"로서 세계에 참여하여 의도적인 활동, '실존'적 활동을 하고 있는 '행동하는 몸'이다. 우리는 예를 들면 데카르트처럼 방 안에 가만히 앉아서 성찰할 수 있다. 이것을 행동으로 보아야 할까, 아니면 지성의 발휘로 보아야 할까? 메를로퐁티에 따르면, 지성의 발휘조차 행동의 일종이다. 어린 아이가 뒤집고, 기고, 서서 발을 내딛는 연습을 반복하여 마침내 걸을 수 있게 되는 것처럼, 우리는 책을 읽고, 강의도 듣고, 철학 개념에 익숙해지고, 반복되는 학습 끝에 철학적인 성찰도 하고, 글도 쓸 수 있다. 이는 몸 없는 유령이 하는 일이 아니라, 영양을 공급받은 두뇌를 포함한 몸이 하는 일이다.

현상적 몸에 대한 기술을 통해 그것은 객관화 이전의 보다 근원적인 몸이라는 것을 알 수 있다. 그러나 현상적 몸과 객관적 몸이 존재론적으로 구분되는 것은 아니다. 즉 현상적 몸과 객관적 몸은 반성, 사유, 객관화를 하였느냐, 하지 않았느냐의 차이일 뿐이다. 이 구분은 인식 차원의 구분이지 존재 차원의 구분이 아니다. 앞 절에서 실존은 비인칭적 차원과 인칭적 차원을 동시에 가지기에 양의적이라고 했는데, 객관적 몸과 현상적 몸도 마찬가지이다. 몸은 현상적인 몸, 즉 주체의 고유하고 선반성적인 경험 주체로서의 몸이자 동시에 반성의 대상이며, 객체화된 몸인 객관적 몸이다. 그러므로 몸은 애매하다ambigu, ambiguous. '애매하다'는 단어는 일상적으로 쓸 때에도 뭔가 석연치 않은 느낌이고, 논리학에서는 특히 명제에 써서는 안 되는 단어이지만 단어의 의미에만 초점을 맞추어 보자. 영어 ambiguous와 불어 ambigu는 단어나 문장이 하나의 의미가 아니고, 둘 이상의 의미를 지님을 가리키는 단어이다. 발렌스_{Alphonse de Waelhens}가 메를로퐁티의 『행동의 구조』 2판 서문에서 메를로퐁티 철학을 "애매성의 철학"이라 요약한 이후, 애매성은 메를로퐁티 철학의 주요 특징으로 언급되곤 한다. 지금 살펴보았듯이, 몸은 객관적인 면과 현상적인 면을 동시에 갖는다. 만일 우리가 몸에 주의를 기울이고 몸을 이해하려고 하면 그 몸은 객관적인 몸일 수밖에 없다. 그러나 그 몸은 이미 그리고 동시에 우리가 살고 있는 현상적 몸이다.

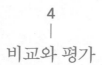

4
비교와 평가

하나인가, 둘인가?

사르트르에게 몸의 첫 번째 존재론적 차원인 대자-몸은 현상적 몸과 일치하는 것으로 보인다. 그것은 내가 존재하는 몸이며, 경험하는 몸, 경험의 주체인 몸이다. 한편 두 번째 존재론적 차원인 대타-몸은 객관적 몸과 같은 것으로 보인다. 그것은 타인의 주시 대상으로서의 몸이다. 내가 타인의 몸을 주시할 때, 그것을 대상으로 여기는 것에는 곤란할 것이 없지만, 타인이 나의 몸을 주시할 때, 나는 곤란하게도 수치를 경험하게 된다. 이러한 점 때문에 사르트르는 몸의 세 번째 존재론적 차원을 제시했다. 사르트르에게 이 세 영역은 존재론적인 구분이다. 그러므로 현상적 몸(대자-몸)은 객관적 몸(대타-몸)이 아니다. 반면에 메를로퐁티는 현상적 몸과 객관적 몸은 존재론적으로 구분하지 않는다. 또한 인식의 차원에서 구분되는 것만도 아니다. 객관화하는 태도의 대상이냐, 그 이전의 겪고 있는 주체냐의 구분이라고 할 수 있다. 사르트르와 메를로퐁티의 입장이 이렇게 나뉜다고 하면, 이 두 입장은 양립 불가능해 보인다. 현상적 몸과 객관적 몸은 다른 것이거나(사르트르), 같은 것(메를로퐁티)이다. 이는 개념상의 문제가 아니라, 존재의 질서나 범주의 문제이다.

양립할 수 없는 두 가지 주장이 있다면 우리는 어떤 주장을 받아들여야 하는가? 필자는 메를로퐁티의 입장에서 사르트르의 입장을 다음과 같이 비판해 보고자 한다. 첫째, 사르트르의 설명에는 난점이 포함되어 있음을 지적할 것이다. 둘째, 이 문제는 결국 심신이원론의 한계를 성공적으로 돌파하지 못하는 결론에 이른다는 점을 보일 것이다. 셋째, 반면에 메를로퐁티의 현상적 몸 개념은 심신이원론의 난점에 대한 대안이 된다는 점을 주장할 것이다.

먼저 사르트르의 설명에 함축된 난점부터 살펴보자. 이 난점은 타자와 관련된다. 대타-신체는 타인이 보는 나의 몸이기도 하고 내가 보는 타인의 몸이기도 하다. 후자의 경우에는 일관된 설명이 보다 쉽다. 사르트르가 타인의 몸은 다른 사물과는 달리 심적 존재라고 강조하고 있음에도 불구하고, 그것은 대상이고, 즉자존재의 일종이다. 그렇지만 여기에도 곤란한 점은 있는데 심적 존재라는 것을 아는 것이 어떤 의미인가 하는 점이다. 심적 존재라는 것은 그 역시 대자존재라는 것을 의미하는가? 사르트르는 대타-몸은 주관성을 갖는 것이 아니라 대상성을 갖는다고 분명히 말한다. 타인의 몸은 즉자존재이고 대상성을 갖지만, 다른 사물과는 달리 "사실성을 끊임없이 뛰어넘는" "몸 이상의 몸"이다. 결국 대타적인 몸은 "마술적인 대상"(*EN.*, 391/585)이다. 즉자존재이면서도 마술적인 대상이라는 언급은 석연치 않은 절충에 불과해 보인다. 즉자와 대자의 존재론적 구분이 뚜렷이 된다는 입장을 포기할 수 없으면서도 몸이 사물존재와는 다르다는 점도 외면할 수 없기에 나온 절충이다.

마찬가지로 혼란은 타인이 보는 나의 몸의 경우에는 심화된다. 대타-몸으로서 나의 몸은 타인의 시선의 대상이다. '나의' 대타-몸은 난처함이나 수치심 등의 경험을 수반한다. 이 경험은 선반성적 차원의 경험이라고 보아야 한다. 왜냐하면 반성이란 의식이 그 자체와 맺는 관계이기 때문이다. 한편 '나의' 대타-몸은 타인이라는 의식 외부의 존재자와의 직접적인 관계, 즉 시선의 대상이 됨에 의해 출현한다. 다른 한편 '나의' 대타-몸은 대상이 된 대자존재의 선반성적 경험이다. '나의' 대타-몸은 나의 시선의 대상인 타인의 몸을 설명할 때는 등장하지 않았던 부분, 즉 대자존재의 선반성적 경험(수치심)이 등장하게 된 것이다. 사르트르는 이 부분만을 따로 떼어 "타자를 위해 거기 있는 나의 존재"로 구분한다. 사르트르는 내가 보는 타인의 몸과 타인이 보는 나의 몸은 원리상 같은 존재론적 질서에 속한다고 말하지만, 이는 근거가 불충분한 유비로 보인다. 그렇지 않다면 대타-몸과 타자를 위해 거기 있는 나의 존재를 굳이 구분할 필요가 없었을 것이다.

그러면 몸의 제3차원에 대한 설명은 타인의 시선의 대상이 된 나의 몸에 대한 나의 경험을 잘 설명하는가? 이 차원에서 나는 "타인에게 있어서 존재하고 있는 한에서 나의 몸"(EN., 394/589)이라는 난처함을 겪는다. 나는 나의 대타-몸에 닿지 못하고 통제도 못하면서도 대타-몸으로서 굳어진다. 그것은 끊임없는 타유화이다. 사르트르는 타인의 시선의 대상이 된 나의 몸이 겪는 것이 다소간 당혹스럽거나 수치스러운 경험이라는 것을 잘 설명해 준다. 그렇지만 또한 이러한 결론은 내가 경험하는 몸(현상적 몸)과 대상이 된 몸(객관적 몸)을 따로따로 분리해서 설명할 수는 있지만, 이 둘의 종합에는 실패했다는 것을 보여준다. 사르트르의 설명 내에서는 나는 내가 경험하는 몸을 알 수 없고, 내가 아는 몸을 경험할 수 없다.

이중감각

오른손으로 왼손을 만져보자. 오른손은(오른손 바닥은) 왼손을 감각하고, 동시에 왼손(의 등)은 오른손을 감각한다. 이를 고전심리학에서는 '이중감각'이라 명명한다. 사르트르는 만지는 쪽과 만져지는 쪽이 구분된다고 말한다. 오른손은 만지는 주체이고, 왼손은 만져지는 대상이다. 만일 우리의 두 눈이 서로를 볼 수 있는 구조로 되어 있다면, "보이게 되는 쪽 눈은 사물인 한에서 보이는 것이지, 귀추존재인 한에서 보이는 것이 아니다. 마찬가지로 내가 한 손으로 다른 쪽 손을 잡을 때, 이 다른 쪽 손은 잡은 손으로서의 한에서 파악되는 것이 아니라, 파악될 수 있는 대상으로서의 한에서 파악되는 것이다"(EN., 398-399/596-597). 파악이 된다는 것은 의식의 대상이 된다는 것을 의미하며, 파악한다는 것은 의식의 주체임을 의미한다. 이러한 설명에 따르면 이중감각의 주/객은 확실히 분리되고, 애매할 여지는 남지 않는다.

반면에 메를로퐁티는 이중감각이 몸 자체의 애매한 구조에서 비롯한다는 점에 주목한다. 오른손으로 왼손을 만질 때 만져지는 왼손도 역시 감각을 한다. 그는 말한다. "사람들이 '이중 감각'에 대해 말하면서 이야기하려는 것은 이런 것이다. 하나의 기능이 다른 기능으로 이행함에 있어, 나는 만져지는 손을 곧 만져지는 것이 될 것으로 인식할 수 있다. 내 왼손에 대한 내 오른손인 저 뼈와 근육 뭉치에서 나는 대상을 탐구하기 위해 그것들을 향해 내미는 재빠르고 살아있는 또 다른 오른손의 육화 혹은 위장막을 알아챈다"(PP., 109/158). 만지는 것과 만져지는 것, 아는 것과 알려지는 것은 엄격한 반성의 수준에서는 구분될 것이다. 그러나 둘은 언제든지 자리를 바꿀 수 있다. 게다가 만져지면서도 만지는 기능으로 전환되는 순간은 선명히 구분되지 않는다. 이중감각은 주체이기도 하면서 대상이 되기도 하는 현상적 몸의 애매한 구조를 전형적으로 보여준다.

현상적 몸, 심신이원론의 대안?

지금까지 본 것처럼 주체인 몸과 대상인 몸에 대한 사르트르의 설명과 메를로퐁티의 설명은 차이를 보인다. 이를 데카르트의 심신 이원론이 함축한 문제와 관련하여 생각해 보자. 문제는 다음과 같이 표현할 수 있다. "만일 의식이 순수하게 내재immanence 절대적이고 투명한 사유 그 자체의 현전으로 여겨지며 몸이 완벽하게 초월 transcendent 완전한 육체적 물질로 구성된 기관으로 간주된다면, 그것들의 결합을 설명하는 문제는 해결할 수 없어 보인다."[13] 예를 들면 이렇다. 내가 아무 말없이 있을 때, 나는 내재적 영역에 머물러 있다. 이 영역에서 나는 매우 자유롭다. 내 몸은 강의실에 앉아 있지만 마음은 식당에 가 있다. 데카르트에 따르면 나는 내가 무슨 생각을 하는지 확실하게 안다. 마음, 의식, 사유는 순수한 내재이다. 몸으로 말하자면 자유롭지 않은 경우가 꽤 있다. 내 몸은 내 통제에 완전히 따르지 않는다. 배란기나 생리 중의 여성의 몸을 생각해 보라. 청년기 남성의 자극에 취약한 몸을 생각해 보라. 동작을 이해했으나, 수행은 할 수 없는 요가 수업을 떠올려 보라. 멈출 수 없는 딸꾹질은 어떤가. 이 몸들은 때로는 본인의 동의나 욕망을 배반하곤 한다. 이 몸은 나의 의지나 통제를 초월한다. 물론 몸이 항상 초월적인 것은 아니다. 나는 내 몸을 의지대로 다룰 수 있기도 하다. 내 팔 다리는 내 의지에 따라 움직인다. 또 갈증을 느끼거나, 숨이 찰 때 이것을

---

[13] Martin C. Dillon, "Sartre on the Phenomenal Body and Merleau-Ponty's Critique," p. 121.

겪는 것은 나의 몸이다. 이런 경우 몸은 내재적이다. 즉 몸에는 내재적인 면과 초월적인 면이 모두 있다. 데카르트는 몸의 내재적인 면과 초월적인 면을 따로 떼어 해명한다. 내재적인 차원은 의식이 조종하거나 관여하고 초월적인 면은 의식과는 무관하게 자동적으로 작동한다. 어쨌든 몸의 초월성은 순수한 내재로서의 의식과는 무관하다. 그러나 의문은 여전히 남는다. 나로부터 초월해 있는 몸을 나는 경험하지 않는가? 딸꾹질을 멈출 수는 없지만 딸꾹질을 하고 있다는 것을 나는 알 수 있으며, 불편도 느낀다. 어떻게 몸은 내재적이면서 동시에 초월적인가?

이 문제에 대해 "현상학은 현상을 본래 내재적이면서 초월적인 것으로 고려하고, 신체를 현상으로 보고 접근함으로써 조화의 수단을 제공하고자 한다."[14] 하지만 사르트르의 경우 이러한 조화에 성공한 것으로 보이지 않는다. 그가 말하는 대자-몸은 순수하게 내재적이다. 그리고 대타-몸은 순수하게 초월적이다. 심지어 나는 내 몸의 경험을 대타-몸으로서 다시 말해 일종의 대상으로서만 파악한다. 반면에 메를로퐁티는 몸은 내재적인 면과 초월적인 면을 동시에 갖는 구조로 이루어져 있음을 보였다. 경험하는 몸과 경험되는 몸, 현상적 몸과 객관적 몸, 내재적 몸과 초월적 몸은 하나이자 같은 세계에 공존해야만 한다. 사르트르는 세계의 단절된 존재론적 질서를 제시함으로써 단일한 현상적 실재를 기술하지는 못했다.

---

[14]   Martin C. Dillon, "Sartre on the Phenomenal Body and Merleau-Ponty's Critique," p. 124.

인간＝의식 VS 인간＝몸

이러한 차이는 결국 인간을 근본적으로 어떤 존재로 파악할 것인지의 입장에서 비롯되는 것으로 보인다. 앞 장에서 본 것처럼, 사르트르에게서 인간은 대자존재로 규정되고, 대자존재의 모든 특성은 의식의 특성이기도 하다. 물론 사르트르가 의식과 몸을 데카르트처럼 독립적인 실체로 구분하는 것은 아니다. 특히나 대자-몸에 대한 설명에서 사르트르는 데카르트의 이분법을 뛰어넘는 현상적 몸의 구조를 보여주었다. 그럼에도 불구하고 사르트르는 대자-몸과 대타-몸을 구분함으로써 데카르트의 이원론을 변형하는 데 그친다. 『존재와 무』는 현상학적 존재론을 추구한다. 다소 거칠게 요약하자면 여기서 존재는 즉자존재이고 무는 대자존재이다. 즉자존재는 틈내지는 결핍이 없다. 그러므로 즉자존재로부터 출발해서는 존재론을 수립할 수 없다. 무/대자존재의 편에서 출발해야 즉자존재에 빛을 던질 수 있다. 이러한 전체 구도하에서 사르트르는 대자존재(즉 의식)의 특성을 서술하고 규정하는 데 초점을 맞출 수밖에 없었고, 대자와 즉자를 존재론적으로 구분할 수밖에 없다.

반면 메를로퐁티는 '지각'의 '현상학'을 목표로 한다. 현상학적 이념에 따라 주체가 세계와 만나는 가장 원초적인 경험을 기술하려는 것이다. 이러한 기술의 결과, 인간은 세계에 이미 속해 있는 신체적 존재로 파악된다. 역시 메를로퐁티에게도 몸과 의식은 독립된 실체가 아니다. 사르트르와 마찬가지로 메를로퐁티는 몸이 있고 의식이 있으며 그것이 결합한다고 말하지 않는다. 몸과 의식은 이미 불가분이다. 코기토는 몸을 입고 있다. 이 몸은 벗을 수 없다. 몸과 의식이라는 이분법을 간직한 용어를 그가 사용하는 것은 사실이다. 이런 사실로 미루어보아 그가 심신이원론을 완전히 벗어나지 못했다고 보는 비판도 가능하다.[15] 또한 객관적 몸과 현상적 몸이 어떻게 연결되는지는 밝히지 못했다는 비판도 가능하다.[16] 아마도 이 연결은 더욱 발달하고 있는 뇌과학이 보다 좋은 답을 제시할 것이다. 생각해 보면, 몸이 내 의지에 어떻게 따르는지, 또는 내 몸이 왜 내 의지를 따르지 않는지 우리는 더 이상 궁금해 하지 않는다. 과학자들이 완전히 밝혀내는 것은 시간 문제로 보이기 때문이다. 우리 몸에서 신비의 영역은 점점 줄어들고 있다. 오히려 중요한 관심사는 '제 몸의 경험을 어떻게 받아들일 것인가?', '그 경험의 의미를 무엇으로 해석할 것인가?'가 될 것이다. 오늘날 사르트르와 메를로퐁티의 몸에 대한 서술은 이 질문들을 던질 때 보다 의미가 있다.

---

[15] 심지어 메를로퐁티 자신의 회고이기도 하다. "『지각의 현상학』에서 제기된 문제들은 내가 의식-대상의 구별에서 출발하기 때문에 해결될 수 없었다." Maurice Merleau-Ponty, *Le visible et l'invisible: suivi de notes de travail*, Paris, Gallimard, 1964, p.253.

[16] 주성호, "왜 메를로퐁티는 신체의 현상학에서 살의 존재론으로 이행하는가?," 『철학과 현상학 연구』 제20집, 한국현상학회, 2003, pp.115-136.

제3장

타자, 상호주체성

1

타자와 상호주체성의 문제

철학사적 배경

보브와르는 『제2의 성』에서 남성 주체는 여성을 타자화함으로써 성립한다고 주장한다. 무릇 남성과 여성의 문제만은 아니다. 내가 어떠한 존재인지를 확인하는 것은 그렇지 아니한 것을 상대해서만 성립한다. 타자는 정해져 있지 않아 누구나 될 수 있다. 파리에 사는 북아프리카 출신 남자는 파리에서 타자로서의 경험을 할 수 있다. 그러나 종종 북아프리카 출신의 파리 남자는 대한민국에서 온 여자를 타자로 삼아 자신을 파리 남자 주인공으로 확립할 수도 있다. 자아가 타자를 통해 확립된다는 것은 이와 같이 폭력적인 요소를 담고 있는 것으로 보인다. 오늘날 타자와 관련된 문제는 점점 더 중요한 것이 되어 가고 있다.

하지만 우리가 여기서 생각해 보려는 것은 타자와 관련된 정치적 문제가 아니다. 우리의 접근은 철학이다. 철학사에서 타자가 문젯거리가 된 것은 자아가 문젯거리가 된 것과 같은 때이다. 플라톤의 책에서 소크라테스는 많은 질문을 던진다. 그렇지만 자아나 타자에 대한 질문을 던지지는 않는다. 그 시절에는 자아나 타자는 문제가 되지 않은 것이다. 마찬가지로 중세의 철학자들도 내가 누구인지, 무엇을 해야하는지를 묻지 않았다. 인간은 보편적인 섭리로 이루어졌으니 알아야 할 것은 '내가 누구인지'가 아니라 '신의 섭리가 무엇인지'이다.

한 인간으로서 내가 문제시 되는 것은 신의 그늘을 벗어나기 시작한 때, 즉 근대가 시작된 때이다. 데카르트의 명제, "나는 사유한다, 그러므로 존재한다"는 확실한 앎의 근거를 발견하려는 추론의 결론이다. 데카르트에 이르러 자아는 문제시되었으며 개념화되었다. 그에 따르면 자아는 사유하는 것, 즉 의식이고 그런 한에서 존재한다. 한편 홉스, 로크 등의 계몽주의 정치사상가들은 오늘날까지 통용되는 시민의 근대적 개념을 제시했다. 신이 죽은 이후(니체), 그 빈 자리는 자유롭고 천부적인 권리를 지닌 개인이 차지하게 되었다. 개인의 권리와 자유를 무엇보다도 중요한 것으로 전제하는 자유주의는 계속 변형되는 역사를 가졌지만 여전히 유효하다. 예를 들면 '동성애자들은 동성애자로 있을 권리를 가질 것이다. 그렇지만 그것을 보고 싶지 않은 사람의 기호 또한 하나의 권리로서 보호되어야 한다. 그러므로 게이 퍼레이드는 금지되어야 한다'라는 식의 개인의 권리라는 이념에 근거한 주장은 오늘날 익숙하다. 이러한 주장은 철저히 나의 관점에서 제기되는 것이다. 타인의 존재나 권리는 나로부터 유추된다. 선자아·후타자의 근본은 유아론에서 비롯한다.

유아론의 문제

철학적으로 데카르트의 자아 개념이 내포하는 문제는 유아론solipsism이다. 코기토는 '내가 나'라는 내적 의식이며, 의심하는 데카르트에게 유일하게 확실한 것이다. 나는 지금 '강의실에서 수업을 하고 있다'는 내적 의식을 갖는다. 그렇지만 내가 나의 외부에 있는 강의실에 실제로 있는지, 수업을 하고 있는지는 확실하지 않다. 꿈일 수도 있지 않은가? 데카르트에게서 확실한 것은 내 의식 내부의 것일 뿐, 외부의 것은 의심스럽다. 데카르트는 외부 대상의 실재성에 대해 이렇게 말한다. 내 안에 명석하고 판명한 관념이 있다면 그 관념에 상응하는 정신 밖의 원인이 되는 것이 있을 수밖에 없다는 것이다. 과연 그럴까? 내가 친구를 보고 있다는 관념이 있으니 저기 있는 것이 내 친구일 수밖에 없는 것일까? 그러면 내가 유니콘에 대한 명석하고 판명한 관념을 가지고 있다면 유니콘이 있다는 것이 확실한 것일까? 결국 외적 세계의 실재성 문제는 이후 중요한 난제로 남아 재해석과 논박의 장구한 역사를 이루게 된다.

어쨌든 정의상 내적 관념의 확실성 외의 타자의 확실성을 확인할 수 없는 인식론이 곧 유아론이라고 할 때, 데카르트의 철학은 유아론이다. 이러한 생각에는 문제가 있다. 나는 세계에서 타인과 더불어 살고 있다. 그런데 이 타인들은 어떤 존재인가? 나와 같은 종류의 존재들인가? 아닌가? 데카르트는 자아를 사유하는 존재로 확신한다. 그러나 사유하는 것, 즉 의식이나 마음은 나의 것에 한에서만 확실하다. 타인의 의식이나 마음은 직접적으로 주어지지 않는다. 그렇다면 나는 다른 사람과 진정한 관계를 맺을 수 있을까?

우리는 지금부터 사르트르와 메를로퐁티의 입장을 통해 나에게 타인은 어떤 존재인지, 그리고 그와 공존할 수 있는지, 그렇다면 그 근거는 무엇인지를 볼 것이다.

2
사르트르의 타자

1) 시선과 타자

열쇠구멍 에피소드

우리는 앞 장에서 몸은 다른 세 가지 존재론적 차원을 갖는다는 사르트르의 주장을 검토했다. 그의 주장은 몸의 존재론적 차원은 타자와의 관계에 달려 있음을 함축한다. 즉 타자가 없을 때 나는 대자존재이지만 타자가 나타나면 대타존재가 된다. 이렇게 나의 존재론적 차원을 바꾸는 타자는 무엇보다도 시선을 던지는 자이다. 그

유명한 "열쇠구멍" 이야기로 그의 설명을 따라가 보자. 나는 불타는 질투심에 사로잡혀 열쇠구멍을 들여다보고 있다. 나는 문 너머의 광경을 보고 싶어 한다. 문이나 열쇠구멍 같은 것은 나의 질투 때문에 도구이자 장애물이다. 이렇게 도구들과의 연관 속에 놓인다는 것은 곧 하나의 상황에 놓인다는 뜻이다. 그리고 이때 나의 의식 상태는 선반성적 의식 상태, 나의식 상태이다. 이처럼 아무 생각없이 집중해서 열쇠구멍을 들여다보고 있는 나는 완전한 대자존재이며, 이때 나는 "오직 홀로 나(에 대한) 비조정적인 의식의 차원에 있다"(*EN.*, 298/440). 이때 "나는 나를 인식할 수 없을 뿐만 아니라, 나의 존재까지 나에게서 탈출한다"(*EN.*, 299/442). 그리고 도구들은 나의 의도와 관련하여 나를 중심으로 연관되어 하나의 상황이 펼쳐진다. 그 상황의 중심은 대자-나이다.

그런데 갑자기 복도에서 발소리가 들리고 누군가 나를 본다. 상상컨대, 이 순간 나는 굉장히 부끄러워질 것이다. 비유적이 아니라 말 그대로 낯이 뜨거워질 것이다. 왜일까? 사르트르는 이 순간 "나의 존재는 습격을 받는다"(*EN.*, 299/442)라고 말한다. 이 습격의 정체는 무엇인가? 우선 들 수 있는 생각은 이 '남 보기 부끄럽다'는 수치심이 '도덕적인 책망에서 비롯되는가' 하는 점이다. 이 의문에 대한 사르트르의 대답은 이렇다. 부끄러움은 "내가 이러한 잘못을 범했을 거라는 사실에서가 아니라 단순히 내가 세계 속에 수많은 사물들의 한복판에 '떨어졌다'는 사실 그리고 내가 있는 그대로의 것으로 있기 위해서는 타자의 중개가 필요하다는 사실에서 유래하는 것이다"(*EN.*, 328/487).[1] 부끄러움은 "'나는', '타자' 앞에서, '나'에 대해 부끄러움을 느낀다고 하는 세 가지 차원의 통일적인 이해이다"(*EN.*, 329/489). 이런 점에서 수줍음이나 벌거벗고 있을 때 들킬까봐 느끼는 걱정은 근원적인 부끄러움의 특수한 형태이며, 양심의 가책이나 신 앞의 부끄러움 같은 것은 타자의 특수화이다.

윗 문단의 인용문들은 본 절의 결론에 다름없다. 우리가 앞 장에서 보았다시피, 타자의 시선이 향하는 것은 나의 몸이다. 시선이 닿기 전의 나는 말하자면 아무 생각이 없는 상태이다. 즉 '내가 지금 뭘 하고 있지?'라는 반성적 의식을 하고 있지 않다. 나는 비조정적, 비반성적 상태의 나로 있다. 그러나 타인의 시선을 받고 나는 더 이상 그런 존재가 아니다. 나는 타인의 시선을 받는 '대상'이 된다. 나는 문 옆의 화분처럼, 우산꽂이에 꽂힌 우산처럼 쭈그려 앉은 몸이다. 그러나 이 몸은 화분이나 우산과는 다르다. 이 점이 사르트르의 설명에서 빛나는 부분이자 이해하기 어려운 부분일 것이다. 첫째, 대타-몸은 대상이다. 둘째, 그렇지만 동시에 단지 즉자존재인 것은 아니다.

수치심의 구조

이 이중성을 다시 한번 둘로 나누어서 생각해 보자. 먼저, 나의

---

[1] 이런 점에서 단토는 사르트르에게서 수치는 일반적으로 통용되는 의미에서의 수치가 아니라, 전문적인 의미를 갖는, "형이상적 느낌"이라고 말한다. 그에 따르면 타인의 시선만으로 수치를 느끼는 것은 "오직 사르트르의 철학을 내면화한 사람에 의해서만 느껴질 수 있는 감정"일 것이다. 아서 단토, 『사르트르의 철학』, 민음사, 1985, pp.161-163.

대타적 몸의 경험으로부터 출발하면 이중성을 보다 자세히 기술할 수 있다. 다음으로 나에게 타자는 어떤 존재인지 살펴보자. 먼저 나의 대타적 몸의 경험부터 생각해 보자. 이를 위해 다시 문 앞에 쭈그려 앉아 타인의 시선을 받는 나로 되돌아가자. 타자의 시선은 나의 존재를 습격한다. "본질적인 변양이 나의 구조 속에 나타난다"(EN., 299/442). 비반성적인 의식은 나에 대한 의식이 아니라 세계에 대한 의식이다. 내가 골몰하여 열쇠구멍을 들여다보고 있는 상태가 그런 상태이다. 타인의 시선에 대해 나는 그런 나로부터 나오게 되고, 나를 의식하게 된다. '아니, 내가 지금 뭘하고 있지!' 이 때 나의 존재 근거는 내 안에 있지 않고 타자에게 있다. 나는 타자의 지향적 대상이다. 내가 부끄럽다는 것은 곧 "'내가 바로 타자가 시선을 향하고 판단하고 있는 이 대상으로 있다'는 승인이다"(EN., 300/443). 나는 질투 등의 내면을 가지고 있는 자였고, 그 내면을 중심으로 하여 도구들과 연관된 세계를 하나의 상황으로 만드는 중심이었으나, 이제 타자가 출현하여, 그를 중심으로 벽, 문, 열쇠구멍과 마찬가지로 나를 자기의 세계로 빨아들이고 있다. 나의 세계는 그의 세계로 유출된다. 그는 나의 세계와 나를 타유화한다.

타인의 출현은 존재론적인 사건이며 습격이다. 내가 혼자서 꽃병을 옮기려고 하다가 실수로 그것을 깼다고 해보자. 깬 것은 나의 의사가 아니었기에, 나는 나의 부족한 조심성에 대해 후회할 수 있다. 이때 원리적으로 나로부터 벗어나는 것은 아무것도 없다. '이랬으면 좋았을 걸, 저렇게 하지 그랬어'는 모두 나에게 달린 것이다. 그렇지만 타인이 있는 경우는 그렇지 않다. 복도에 나타난 타인이 나를 보고 휴대폰을 꺼낸다. 나를 찍으려는 걸까? "나는 나의 모든 가능성으로 있으면서 동시에 나의 가능성들을 외부로부터 타인을 통해 파악한다"(EN., 303/448). 이제 이 상황의 주인은 타인이고, 상황은 나로부터 탈출한다.

나의 세계는 그에게로 "유출"되고 "도피"한다. 이 때 "나는 타인을 향해 흘러가는 하나의 세계의 한복판에서, 타인에게 있어서 나의 '자아ego'로 있다"(EN., 300/444). 내가 타자의 시선을 알아챘을 때 나의 의식의 상태는 '수치'인데, 수치는 늘 무엇인가에 대한 수치일 것이다. 수치 역시 지향적인 의식이기 때문이다. 그 지향적 대상은 다름 아닌 자아이다. 즉 타자는 나에게 수치를 일으키고, 그 수치의 대상인 자아가 생기는 것이다. 자아는 일인칭으로 일컬어지며, 내 소유의 인격체로 여겨진다. 타인의 시선을 통해 나의 소유라 불리는 인격체 또는 자아가 탄생한다는 사르트르의 주장은 현대철학에 영향을 끼친 것으로 평가받는다.[2] 사르트르에게 자아는 의식의 내부에 있지 않으며, 의식과 동일하지도 않다. 자아는 의식의 대상이며 의식 외부의 것이다. 자아는 나로부터 초월해 있다. 그것의 존재 근거는 내가 아니다. 나는 타자로 인하여 "세계-한복판-에서의-존재"로서의 나 자신의 사실성을 맞닥뜨린다. "'나는', '타자' 앞에서, '나'에 대해 부끄러움을 느낀다"에서 주어 '나'는 대자이며, 주체이다. 뒤의

---

2   서동욱, "사르트르의 현재성," pp.373-404.

'나'는 자아, 타자의 대상이다. 수치심은 대타존재로서의 경험을 하는 대자존재의 의식 상태이다. 대타-몸은 타인의 경험의 대상이 된 경험을 하는 "마술적인 대상"(*EN.*, 391/585)이다.

타자의 주체성

내가 시선을 던지는 타인 역시 이러한 경험을 할 것인가? 원리상 그것은 알 수 없다. 타자는 나에게 둘 중 하나이다. 내가 그를 보고, 인식할 때 그는 하나의 대상 존재이다. 그가 나를 보고 있다면 그 때엔 내가 대상이다. 이때 타자는 나를 대상으로 만드는 존재이다. 그의 내면에 대해서는 알 길이 없다. 왜냐하면 일단 타자는 말 그대로 "나로 있지 않은 나"(*EN.*, 269/398)이기 때문이다. 이 '있지 않다'는 것은 타자와 나 자신 사이에 분리로서의 '무'를 가리킨다. 이 무는 나에게 유래하는 것도, 타자에서 유래하는 것도 아니다. 이 무는 관계의 원초적 부재이고 타자와 나 사이의 근원적 관계이다. 내가 지각하는 것은 타자의 몸이다. 이 몸은 내 몸에 대해 "하나의 외면적인 즉자"(*EN.*, 269/399)이므로 결합도 분리도 하지 않는 무 관계이다.

내가 지향하는 타자는 "내 손이 미치지 않는 곳에 있는 경험들이 경합한 체계"(*EN.*, 266/395)이다. 이러한 사유는 가장 고유하고 근본적인 방식으로 타자에 접근한 레비나스의 사유와 유사해 보인다. 레비나스의 설명에 따르면 타자는 주체로서는 알 수 없다. 타자는 주체의 인식 능력이 미치는 범위 밖의 존재이기 때문이다. 타자는 호소하는 얼굴로서 주체의 경계를 부수며 나타난다. 또 하나, 레비나스는 사르트르와 유사하게 타인의 출현이 주체의 자유의 한계를 나타낸다고 주장한다. 타자는 출현함으로써 주체의 자유의 한계 또는 주체의 자유의 합법성에 대해 문제를 제기한다.

여하튼 요점은 나로서는 타자의 내면이나 주체성을 알 수 없다는 것이다. 그렇다 하더라도 타자는 즉자존재가 아니다. 내가 초월하는 것은 그의 초월이다. 그 역시 초월적 존재이다. 타자의 몸은 나무나 벤치와는 달리, 나무나 벤치 등을 도구로 연관시키면서 상황을 형성하는 중심이다. 그는 하나의 세계를 형성하는 중심이다. 그러나 그가 어떻게 그럴 수 있는지에 대해서 사르트르는 말하지 않는다. 타인이 나와 마찬가지로 육화된 의식이라는 것은 나에게 경험적으로 주어져 있을 뿐이지만 원리적으로 설명되지는 않는다.

갈등

타자는 나를 존재시킨다. 그가 없을 때의 나는 순수의식, 선반성적 의식의 상태였을 뿐이다. 타자와 함께 자아는 출현한다. 그는 "내 몸을 태어나게 하며 … 나에게는 결코 보이지 않을 모습 그대로 그것을 본다"(*EN.*, 404/605). 그와 나는 각각 상황의 귀추중심으로서 서로를 대상으로 만들고, 서로의 세계를 빼앗는다. 그의 시선은 메두사처럼 나를 돌로 굳히지만, 시선은 항구적이지 않다. 즉자적 대상에 대한 나의 관계처럼 타자와의 관계는 일방적이지 않기에, 그것은 상호적이고 변동적이다. 나와 타자는 바라보는 존재의 지위와 보인 존재로서의 지위를 오간다. 그러므로 "나와 타자 사이에 맺어지는 존재관계는 서로를 대상화하기 위한 계략들의 연속이다." 또한 "나와 타자는 서로가 서로를 주의해서 다루어야 하는 폭발할 위험이 있는 대상이다."[3] 결국 사르트르에게 있어 나와 타자의 근본적 관계는 "갈등conflit"이다.

2) 사랑의 좌절

자유로운 사랑

여기에서 생각해 보자. 나는 있는 그대로의 타자를 알 수 없다. 그렇다면 그와 맺을 수 있는 관계는 갈등 관계뿐인가? 사르트르의 대답부터 먼저 듣자면, 답은 '그렇다'이다. 그는 우리가 타자에 대해 갖는 구체적 태도를 첫째, 사랑, 언어, 마조히즘, 둘째, 무관심, 욕망, 증오, 사디즘으로 나누어 기술한다. 지면의 한계 상, 여기서는 사랑, 마조히즘, 그리고 사디즘에 집중하여 타자와의 관계에 대한 사르트르의 주장을 살피고자 한다. 사랑에 대해 우리는 많은 것을 기대하곤 한다. 영원하고 완전하고 절대적인 사랑을 꿈꿀 수도 있다. 예상하겠지만 사르트르는 그러한 환상을 승인하지 않는다. 사랑의 판타지 중 하나는 그와 내가 하나라는 것이리라. 그러나 사르트르에 따르면 "합일의 시도가 갈등의 원천이다"(EN., 406/608). 왜냐하면 나는 그의 대상이 된 나를 체험한다. 이 체험 속에서 내가 그

---

[3]   변광배, 『존재와 무: 자유를 향한 실존적 탐색』, 살림, 2005, p.213.

와 하나가 되고자 하는 것은 헛된 일인데, 그는 나를 세계 한복판에서의 대상으로 파악하는 존재일 뿐 대상인 나와 하나가 되지는 않을 것이기 때문이다. 그 반대도 마찬가지이다. 그러므로 간단히 말해 나와 그가 동등하게 주체가 되는 것은 불가능하기 때문에 사랑 또한 불가능하다.

　이러한 주장은 특히 사랑을 하는 자의 '자유'와 관련하여 설명된다. 사랑하는 사람의 자유는 왜 중요한가? 폭군은 폭력을 써서 신하를 굴복시킬 것이다. 그는 사랑따윈 원치 않는다. 그러나 사랑을 원한다면, 다른 수단을 발견해야 한다. 마르셀은 알베르틴이 본인의 뜻에 따라 오직 그것만으로 자신을 사랑하길 바란다. 자기의 외모나 재산 따위 때문에 자신을 사랑하(는 척 하)길 바라지 않는다. 만일 그들의 사랑이 실수로 마신 미약에 의해 시작된 것이라는 것을 이졸데와 트리스탄이 알게 된다면 크게 실망하지 않을까? "사랑하는 사람은 우리가 사물을 소유하는 것처럼 상대를 소유하려고 하지 않는다. 그는 하나의 특수한 형식의 전유를 요구한다. 그는 자유로서인 한에서 하나의 자유를 소유하고자 한다"(*EN.*, 407/610). 사랑을 하는 사람은 상대방의 자유의 한계이고자 한다. 그는 자유롭게 나와 사랑에 빠졌지만, 마음대로 빠져 나가지는 못한다. 그는 주술에 포박당한 듯 스스로 사로잡힐 것이다. 여기까지면 문제가 없으나, 상대방이 자유롭다는 것은 결국 부메랑이 된다. 알베르틴은 자유롭게 사랑하는 존재이기에 마르셀을 사랑하는 만큼 사랑받고 싶어할 것이다. 사랑받고 싶어함은 곧 사랑함의 일부이자 짝이다. 마르셀이 알베르틴에게 바라는 것은 알베르틴이 자기의 주관성을 유지하면서도 나를 특별한 대상으로 삼는 것이다. 그런데 알베르틴이 그렇게 하자마자 마르셀이 체험하는 것은 주체로서의 알베르틴이므로, 마르셀은 알베르틴의 주체성에 빨려 들어가버릴 뿐이다. 그렇게 되면 마르셀은 사랑하는 주체의 지위를 잃으며, 결국 사랑(을 하는 것)은 불가능하다.

마조히즘

요컨대 상대방의 자유로운 사랑을 바라는 것은 결국 좌절되고 만다. 그렇다면 상대방의 자유가 아닌 나의 자유를 포기한다면 어떨까? 즉 철저히 타유화 된 나, 대상-나로 존재한다면, 상대가 부여한 대상성에 자청하여 머물면 어떨까? "타자는 나의 '대타존재'의 근거이므로, 만일 내가 나를 존재시키는 배려를 타자에게 맡긴다면, 나는 이미 [타자의] 존재 속에 하나의 자유에 의해 근거가 부여된 하나의 '즉자존재'에 지나지 않을 것이다"(*EN.*, 417-418/627). 이는 상대방을 주체-타자로 만드는, 즉 주체인 타자로 삼는 기획이다. 이 기획에 따라 나는 즉자존재가 되어 버린다. 더 이상 나에게는 자유가 없으며, 나의 존재는 자신 속에 갇혀 버린다. 사르트르의 말대로 마조히즘은 스스로 대상으로 있는 것을 선택했으므로 자신에게 죄를 짓는 일이다. 어쨌든 그는 대상이길 자유롭게 선택했다. "마조히즘은 나의 대상성에 의해서 타인을 매혹하고자 하는 시도가 아니라, 나의 '대타-대상성'에 의해 스스로 자신을 매혹시키고자 하는 하나의 시도, 즉 타자에 의해 나를 대상으로서 구성하려는 하나의 시도이다"(EN., 418/628). 마조히스트가 즉자적으로 머물겠다는 결심을 스스로 한다는 점은 역설적이다. "그가 초월되어야 하는 하나의 존재로서 자기를 배치하는 것은 그의 초월에 있어서이다. 그가 자신의 대상성을 맛보려고 하면 할수록, 더욱더 그는 자신의 주관성의 의식에 잠길 것이다"(EN., 419/628). 결국 마조히즘은 내적 모순에 의해 좌절된다.

성적 욕망

이와는 반대의 경우를 생각해 보자. 나를 타인의 대상으로 내어주는 것(마조히즘)의 반대는 타인을 나의 대상으로 삼는 것이다. 내가 나를 보는 타인을 똑바로 쳐다본다면, 이는 타자의 시선을 붕괴시키면서 내가 시선의 주체로 서겠다는 기획이다. 이러한 태도를 "우리는 타인에 대한 무관심이라 부를 것이다. 이럴 경우 문제 되는 것은 타자들에 대한 하나의 맹목성이다"(EN., 420/631). 즉 무관심은 타인이 갖는 주체성이나 시선, 자유, 초월성 등을 무시하는 태도이다.

이런 태도가 사랑에 적용되는 경우를 성적 욕망의 실현과 관련하여 생각해 볼 수 있다. 마르셀이 진정 사랑하는 것은 알베르틴의 영혼이지만, 그 영혼을 소유하는 것은 실제로 불가능하기 때문에, 몸을 소유함으로써 알베르틴의 영혼이나 내면, 사랑하는 마음을 소유하려 한다. 이것이 곧 성적 욕망이다. 마르셀은 알베르틴이라는 초월적 대상을 욕망한다. 물론 마르셀이 알베르틴에게 느끼는 성적 욕망은 알베르틴의 목덜미나 가슴으로부터 자극된 것일 수 있다. 그러나 그렇다 하더라도 성적 욕망은 '단지 몸'에 대한 욕망으로 환원되지 않는다. 몸의 일부는 몸의 전체에, 전체로서의 몸은 상황 내지는 세계와 연결되어 있다. 하나의 상황 속에서 마르셀은 성적 욕망을 느끼게 된다. 이런 점에서 "욕구가 일어났을 때 예쁜 여자와 섹스를 하는 것은, 마치 목이 마를 때 한 잔의 냉수를 마시는 것과 같다"라는 흔한 표현은 "불만스럽고 좌절스럽다"(EN., 428/642).

그렇다면 성적 욕망이란 무엇을 욕망하는 것인가? 여기에서 사르트르는 몸corps과 살chair로 구분한다. 타자의 몸은 근원적으로 상황 속에서의 몸이다. 그럼에도 불구하고 그 사실성은 매혹적으로 드러나곤 하는데, 이 경우 몸을 사르트르는 살이라고 부른다. 달리 말하면 몸에서 상황을 제거하고 남은 단순한 육체가 곧 살이다. 그러므로 "성적 욕망은 상대의 몸에서 그 옷과 함께 운동도 제거하여, 순수한 살로서 존재하게 하려는 하나의 시도이다. 그것은 타자의 몸을 육화하는 하나의 시도이다"(EN., 430/645). 애무는 타자를 살로 만드는 시도이다. 애무는 하나의 가공이다. 애무를 통해 내 손가락 아래에서 타자의 몸은 살로 가공한다. 애무를 통해 몸에서는 행동, 의미, 가능성이 제공되고 성적 욕망의 표현이자 실현이 이루어진다. 그런데 살을 만드는 목적은 무엇인가? 그것은 역설적으로 순수한 살의 안쪽에 직접 닿으려는 것이다. 성적 욕망의 표현인 애무의 궁극적 목표는 의식을 살로 만들어, 육화된 의식을 소유하려는 것이다. 그런데 타자를 살로 만드는 애무를 통해서 나 자신도 살이 된다. 애무를 통해 타자의 몸은 살이 되고 내가 그 살을 맛봄과 동시에 타자 또한 나의 살을 느끼고 자신을 살로 느낀다. "그럼으로써 '이중의 상호적 육화'로서의 '소유'가 나타난다. 그리하여 성적 욕망 속에는 타인의 체화를 이루기 위한 의식의 체화(의식의 끈적끈적 상태니, 혼탁한 의식이니 하고 부른 것)의 시도가 존재한다"(EN., 431/647).

애무는 타인의 살 표면에 인접해 있는 의식을 내 살을 통해 음미하려는 시도이다. 그러나 체화된 타인, 살만 남은 타인은 더 이상 심상을 지닌 대상이 아니라 하나의 대상에 불과하다. 이제 나의 성적 욕망은 지향할 대상을 잃게 되고, 성적 욕망의 원래 목표였던 체화의 상호성 또한 단절되고 만다. 성적 욕망이 남김없이 완전히 실현된다면 남는 것은 살, 세계 한복판의 존재이다. 사르트르는 관능적 쾌락이 죽음에 비유되는 이유는 이것이라고 본다. 사르트르에게 대자존재가 세계 한복판의 존재가 되어 버리는 것은 죽음과 마찬가지이다.

사디즘

한편 사디즘은 체화의 상호성을 추구하지 않는다. 사디스트는 자신의 살을 타자에게 제공하지 않은 채 타자의 살을 즐기기만 한다. 이를 위해 사디스트는 여러가지 도구를 쓴다. 사디스트에게 타인의 몸은 도구와 함께 전체를 이루는 부분이다. 그는 상대에게 명령을 하고 도구를 쓰면서 상대의 몸을 굴복시킨다. 그러나 그가 원하는 것은 몸을 자기 마음대로 복종시키는 것이 아니다. "사디스트가 두 손으로 반죽하고, 자신의 주먹 아래 굴복시키려 하는 것은, '타인'의 자유이다. 타인의 자유는 그 살 속에 존재한다. 거기에는 타인의 사실성이 존재하므로, 이 살은 타인의 자유이다. 그래서 사디스트가 내 것으로 하려고 시도하는 것은, 타인의 이 자유이다"(EN., 443/665). 사디스트의 앞에 있는 살로 환원된 몸은 그 내부에 자유를 품고 있다. 그래서 사디스트는 상대방의 저항이나 복종의 강도를 여러 가지 수단을 동원해 조절하면서, 마침내 스스로 쾌락에 굴복하기를 인내심을 갖고 기다린다. 상대방이 자유롭지 않다면 사디스트에겐 아무 의미가 없다. 이런 점에서 20여 년 후면 완벽한 형태로 출시될 거라는 섹스 로봇은 적어도 사디스트에게는 인기가 없을 듯하다.

그러나 역시 사디즘도 그 안에 좌절을 포함하고 있다. 먼저 사디스트는 몸을 살로 파악하고, 살을 도구와 마찬가지로 이용하지만, 이 둘은 양립하지 않는다. 사디스트는 살이 도구와 같은 것이 되길 바란다. 그래서 도구와 살의 복합체를 만들고자 한다. 타자를 도구처럼 다루면 순수한 살이 될 것이라는 믿음이다. 타자가 고통에 시달리며 비명을 지를 때, 타자는 여전히 도구가 아니라 도구화에 저항하는 자이다. 그는 여전히 도구와의 연관 속에 있다. 사디스트의 목표가 실현되려는 마지막 순간, "육화가 성취되어 내가 바로 나 자신 앞에 숨이 거의 끊어질 것 같은 하나의 몸을 가질 때, 나는 이미 이 살을 어떻게 이용해야 하는지 알지 못한다"(EN., 445/668). 육화가 성취되자 마자, 그 몸은 나로부터 달아난다. 아니 살만 남는다. 진정 원했던 자유는 잡아채자 마자, 외투만 남기고 도망가버린 사람처럼 빠져나가 버렸다. 사디스트가 손 안에 넣으려는 타인의 자유는 아무리 해도 가질 수 없는 것이다. 상대방이 복종하면 할수록 그의 자유는 죽어간다. 사디스트의 목표는 자신의 대타-존재를 되찾는 것이지만, 그가 상대하는 타자는 세계 속에서의 타인일 뿐이므로 "그는 원리적으로 자신의 목표를 잃어버린다"(*EN.*, 445/669).

결국 사랑, 성적 욕망, 마조히즘, 사디즘은 모두 좌절될 수밖에 없는 모순을 그 안에 품고 있다. 이 태도들은 인간관계의 일부 사례이긴 하나, 대타적인 대자의 본성과 관련되어 있다는 점에서 근본적인 태도라고 말할 수 있다. 협력, 투쟁, 대항, 경쟁, 약속, 복종과 같은 구체적인 행위들은 모두 성적인 관계들을 바탕으로 작동한다. "대타적인 대자가 본래 성적이고, 그런 성적인 기획들을 통해 자신의 대타존재를 실현하고자 하기 때문이다."[4]

3) 우리

주체-우리/대상-우리

그렇다면 사르트르에게서 '우리'는 어떠한가? '우리'라는 말에는 나를 포함하여 같이 있는 나와 유사한 존재라는 의미가 들어있다. 하이데거는 "공동존재Mitsein"라는 용어로 이를 표현했다. 현존재는 세계-내-존재이기 때문에 타자와 세계를 공유하고 있다. 사르트르는 이렇게 함께 있는 타인이 어떤 존재인지를 보다 엄밀히 말한다.

---

4   조광제, 『존재의 충만, 간극의 현존 2』, 서울, 그린비, 2013, p.242.

우리는 복수의 '나'이다. 그러므로 우리는 '주체-우리'이거나 '대상-우리'일 것이다. 즉 우리는 곧 복수의 나와 같으며, 단수의 주체 및 대상의 정의에 준한다. 즉 주체-우리는 비조정적 의식이면서 "초월하는-초월"이되 다수인 것이다. 그리고 대상-우리라 함은 "초월되는-초월", 즉 자신을 타인의 대상으로서 체험하되 타인들과 공통으로 그 체험을 하는 존재이다. 서로 마주 보고 있는 두 사람은 우리가 아니다. 그들은 각각 초월된 초월이거나 초월하는 초월일 뿐이다.[5]

예컨대 '주체-우리'는 다음과 같이 성립한다. 사르트르의 시대엔 스마트폰이 없었으므로, 카페에서 사람들은 신문을 보거나 그렇지 않으면 멀뚱히 서로 쳐다보고 있다. 그들은 시선의 대상이자 주체로서 서로 초월하는 초월이거나 초월되는 초월로서 갈등을 벌이고 있다. 그러던 중 밖에서 갑자기 큰 소리가 들린다면 순식간에 소리가 난 쪽을 향해 다 같이 시선과 집중을 돌려 초월할 것이다. 이때 그들은 광경에 조정적 의식을 동시에 던지면서, 본인들에겐 비조정적인 그러한 복수의 의식이다. 주체-우리가 성립한 것이다.

'대상-우리'에 대한 예는 이렇다. 사르트르가 다른 노예 동료들과 시선의 투쟁을 주고받으면서 갤리선에서 노를 젓고 있는데, 잘 차려입은 아름다운 여인이 그들을 순시하기 위해 더럽고 남루하고 피폐한 그들에게 시선을 던지는 일이 생겼다. 이 경우 사르트르는 자신

---

[5] 의식이자 동시에 몸으로서 대자는 자신을 넘어서는 능동적인 초월이다. 즉 '초월하는-초월'이다. 대자로서의 인간은 주체의 위치를 점하는 인간이다. 반면 대상이 된 인간은 자신이 초월하는 존재인데도, 타자의 초월의 대상이 된다. 즉 '초월되는-초월'이다.

과 동료 노예들은 모두 순식간에 머리끝부터 발끝까지 부끄러움에 휩싸이게 될 것이라고 말한다. 수치심의 체험은 갤리선 밖으로부터 출현한 제3자의 등장에서 비롯된다. 제3자의 시선은 나와 조금 전까지 적대적인 시선을 주고받던 제2자(동료노예)를 등가적 위치에 놓는다. 제3자로 인해 대상인 우리가 구성된다.

우리는 없다

그러나 '우리'를 경험한다고 해서 '우리'가 '존재'하는 것은 아니다. "'대상-우리'는 직접적으로 '제3자'에게 의존한다. 다시 말하면 그것은 나의 '대타-존재'에 의존한다. '대상-우리'가 구성되는 것은 나의 '대타-외부-존재'를 근거로 해서이다"(*EN.*, 470/704). 주체-우리의 경험은 "제멋대로 생겼다가 사라지고, 우리는 '대상-타인'들의 면전에, 또는 우리에게 시선을 보내는 '사람'의 면전에 남겨진다"(*EN.*, 469/702). 우리의 일부를 이루는 타인이 그 자체로 어떤 존재인지는 알 수 없다. 그러므로 인간존재가 '타인을 초월하거나, 타인에 의해서 초월되거나' 하는 딜레마에서 벗어나려 하는 그 어떤 시도도 헛된 일이다. 그러므로 "상호주관적인 전체가 일체가 된 주관성으로서 자기 자신을 의식하게 될 하나의 '인간적인 우리'를 원해도 헛된 일이다"(*EN.*, 468/703). "의식개체들 사이에 있는 관계의 본질은 공동존재가 아니라 갈등이다"(*EN.*, 470/705). 사르트르의 입장에서 자아에게 타인이란 미지의 영역에 속하며, 어떤 것으로든 인정되지 않는다. 그렇기 때문에 협력해서 무언가를 함께 하는 '우리'는 존재론적으로 성립하지 않는다. 그래도 공동의 목표를 위해 하나가 되는 경우가 있지 않을까? 사르트르는 이러한 반론을 의식한 듯하다. 그는 부르주아에 맞서는 프롤레타리아의 계급투쟁을 예로 들어 반론에 대처한다. 프롤레타리아가 무엇인가를 성취하기 위해 단결하여 자신들을 다른 계급에 의해 압박 당하는 자로 자청한다고 하자. 압박 당하는 집단이 되려면 압박하는 집단이 있어야 한다. 압박하는 계급을 시선을 던지는 사람으로 정립해야 한다. 그렇게 하면 프롤레타리아는 자기를 두려움과 부끄러움 속에서 대상-우리로 체험할 것이다. 결국 대상으로서 공동성 외에 주체로서의 공동성은 원리적으로 가질 수 없다. "주체-우리는 하나의 역사적인 인간에 의해 실감되는 하나의 심리적인 경험이다"(*EN.*, 470/704). 사르트르는 하나된 우리가 있다는 믿음은 믿음일 뿐이라고 말하는 듯하다.

3
|
메를로퐁티의 상호주체성

1) 공동신체성

서로 얽히는 시선

메를로퐁티는 사르트르의 시선과 관련된 대자와 즉자 이분법을 비판한다. "갈등에 대한 의식은 상호관계 및 우리에게 공통적인 인간성에 대한 의식에 의해서만 가능하다. 우리는 서로가 서로를 의식으로 인식해야만 서로를 부정할 수도 있다."[6] 사르트르는 두 시선의 갈등을 기술하지만, 메를로퐁티는 마주한 두 시선을 서로 얽히는 흩어봄이라고 파악한다. 메를로퐁티에게 마주한 두 사람은 각자 또 다른 자아alter ego이다. 그들은 공동의 세계에서 서로 주체로 살아갈 수 있다.

세계-에의-존재

그 근거는 무엇보다도 메를로퐁티가 인간의 주체성을 신체성으로부터 찾아낸 것과 상관있다. 사르트르는 인간의 몸이 애매하게 두 영역에 있음을 간파했었다. 한편으로 대자-몸은 세계와 관계를 맺기 위해 초월되는 몸이다. 다른 한편으로 타인의 대상이 된 나의 몸은 "세계-한복판의-존재être-dans-la monde"로서 사실성을 드러낸다. 그렇지만 이 두 몸은 존재론적으로 단절되어 있고 통일될 수 없다. 몸의 세 번째 차원, 즉 타인의 대상으로서의 몸에 대한 대자의 경험은 모순과 난처함이 뒤섞여 있다. 이러한 기술은 메를로퐁티의 "세계-에의-존재être-au-monde"에 대한 기술과 대비된다. 카페오레café au lait에서 커피와 우유를 분리할 수 없고, 초콜릿 아이스크림glace au

---

[6] Maurice Merleau-Ponty, "L'existentialism chez Hegel," *Sens et Non-sens*, Paris, Nagel, 1966, p.118.

chocolat으로부터 아이스크림과 초콜릿을 나눌 수 없듯이, 인간은 세계로부터 나눌 수 없는 존재, 즉 "세계-에의-존재"이다. 인간이 세계에 속하는 것은 커피포트 속의 커피café dans une cafetière와 같은 것이 아니다. 몸은 즉자의 영역에 속하는 것이 아니다. 그것은 하나의 중심점이다. 몸이라는 중심점으로부터 즉자의 질서는 펼쳐지고 실존의 범위는 측정된다. 요컨대 메를로퐁티에게 있어 주체성은 이미 세계에 속해 있으면서 세계와 지향적 관계를 맺는 신체적 존재로 규정된다.

공동신체성[7]

따라서 신체적 주체는 세계라는 공동의 토대 위에서 공동신체성을 통해 서로 주체(상호주체성)로 인정할 수 있다. 메를로퐁티의 상호주체성은 '공동신체성'으로 해명된다.[8] 지금 막 본 것처럼 자아는 사실상 항상 타자에 개방되어 있고, 그런 한 자아일 수 있다. 이러한 '공동신체성'의 착상은 후기 저작인 『보이는 것과 보이지 않는 것』에서 "살chair"의 개념과 함께 발전한다. 살은 메를로퐁티의 존재론의 핵심을 이룬다. 메를로퐁티는 자신의 존재론을 기존의 존재론과 변

---

[7] 이 부분은 졸고의 일부를 수정한 것이다. "우리는 어떻게 공감하는가?; 메를로퐁티의 대답,"『해석학연구』제36집, 한국해석학회, 2015, pp.31-54.

[8] '공동신체성'이라는 말은 메를로퐁티가 텍스트에서 강조해서 사용한 용어는 아니지만, 상호주체성 및 타자성에 대한 메를로퐁티의 설명을 한마디로 요약하는 용어라, '공동신체성'을 주제로 한 다음의 논문에서 따왔다. 신인섭, "메를로퐁티와 공동신체성,"『철학연구』제76집, 대한철학회, 2001.

별하기 위해 "야생적 존재"의 철학이라고 부르는데, 이 야생적 존재가 곧 살이다. 살은 다양하게 설명되지만 무엇보다도 보이는 것과 보이지 않는 것으로 설명된다. 메를로퐁티는 붉은 색을 예로 든다. 우리는 깃발에서 붉은 색을 볼 수도 있고, 붉은 옷을 볼 수도 있고, 어떤 벽돌에서 볼 수도 있다. 이렇게 실제로 우리가 보는 것은 색상표 위에서 명도나 채도로 구분되는 그런 빨강이 아니라, 무엇인가와 결합된 실제의 빨강이다. 우리는 그것을 보면서 2002년의 흥분을 떠올릴 수도 있고, 빨갱이부터 종북좌파까지 연상을 거듭할 수도 있으며, 특정 정당을 떠올릴 수도 있다. 붉은 색은 보이지만 의미는 직접 보이지 않는다. 그래도 보이는 것은 항상 보이지 않는 것을 그 안에 품고 있으며, 보이지 않는 것은 보이는 것을 보완해주는 짝이다. "우리들은 이른바 색깔들과 가시적인 것들 사이에서 그것들에 안을 덧대서 그것들을 뒷받침하며 부양하는 직물을 발견할 것이며, 이 직물은 사물이 아니라 사물들의 가능성이고 잠재성이며 살이라는 것을 발견할 것이다."[9]

메를로퐁티의 존재론이 살의 존재론이라고 해서, 살을 존재나 실체와 같은 것으로 여겨서는 곤란하다. 메를로퐁티가 "야생적 존재론"이라는 표현을 쓴 것도 지금까지의 철학사에는 없던 보다 더 근원적인 것에 도달했음을 알리기 위함이다. 살은 차라리 관계라고

9   M. Merleau-Ponty, *Le visible et l'invisible*, Paris, Gallimard, 1964, p.175; 『보이는 것과 보이지 않는 것』, 남수인·최의영 옮김, 동문선, 2004, p.190.

할 수 있다. 보이는 것과 보이지 않는 것은 그 말과는 달리 모순적이지 않다. 살은 보이는 면과 보이지 않는 면으로 이루어져 있다. "살이란 보는 몸 위로 보이는 것이 감기는 것이요, 촉각하는 몸 위로 촉각되는 것이 감기는 것이다. 이러한 감김은 특히 몸이 사물을 보고 있는 중인 자기 자신을 볼 때, 만지고 있는 중인 자기 자신을 만질 때 확인된다."[10] 오른손과 왼손이 서로 어루만질 때, 만지는 주체로서의 손과 만져지는 대상으로서의 손은 구분되지 않는다. 두 손은 서로 감으면서 만져지고 만진다. 만져진 손은 거기로 의식이 집중되자 마자 만지는 손이 된다. 다시 말해 만져진 손은 곧장imminent 만지는 손이 될 것이며 그 반대도 마찬가지이다. 이처럼 모든 대립 항들은 서로 어루만지며, 감기며, 결합하여 살을 이룬다.

　메를로퐁티의 존재론은 철저한 현상학적 환원의 궁극적인 결론이자, 『존재와 무』에서의 사르트르가 추구했던 '현상의 일원론'의 메를로퐁티식式 성취라고도 할 수 있다. 보이는 것과 보이지 않는 것, 만지는 것과 만져지는 것, 즉자와 대자, 주체와 대상, 자아와 타자는 애초에 통일된 채 존재하는 것이다. 상호주체성의 근거는 이와 같다. 우리는 살의 분화로서 살을 공유한다. 이것이 존재자의 존재이다. 나와 너는 있다. 네가 보고, 내가 본다. 하지만 두 사람 모두에게는 "익명의 가시성", "일반적 시각"[11]이 이미 자리 잡고 있다. 이 "익

10　M. Merleau-Ponty, *Le visible et l'invisible*, pp.191~192; 『보이는 것과 보이지 않는 것』, p.209.

11　M. Merleau-Ponty, *Le visible et l'invisible*, p.187; 『보이는 것과 보이지 않는 것』, p.204.

명의 가시성", "일반적 시각"은 너와 내가 공동신체성을 가지고 이미 참여해 있는 세계, 공감의 근원으로부터 주어진다.

2) 공동의 세계

그러므로 우리는 같은 세계에 함께 참여해 있다. 이 세계에서 우리는 공유할 수 있는 것을 만들어 낸다. 문화라는 행위를 통해서 나는 나의 삶이 아닌 삶들 속에 정착하고, 그 삶들과 대면해 서로를 소개시키며, 그 삶들을 진리라는 하나의 질서 속에서 공존할 수 있게 만들고 그 모든 삶들에 대해 책임 있는 상황에 처해서 어떤 보편적인 삶을 탄생시킨다."[12] 『보이는 것과 보이지 않는 것』에서 메를로퐁티는 세계를 복수형으로 표현하기도 하는데 세계가 복수인 것은 바로 이러한 면, 보편적 삶을 만든 문화가 하나가 아니기 때문이다. 메를로퐁티는 다음과 같이 말한다. "소설가는 독자와 모든 사람은 각기 다른 사람과 비전을 전수받은 자의 언어를 통해 관계를 맺는다. 여기에서 비전을 전수받은 자란, 인간의 몸과 삶이 녹아 있는 가능한 것들의 세계, 우주를 전수받은 사람을 말한다."[13] 우주의 비전은 프랑스어나 한국어 등으로 소설가에게 전수될 것이다. 이렇게 문화는 복수의 공통 세계를 만든다.

[12] 모리스 메를로퐁티, 『간접적인 언어와 침묵의 목소리』, 김화자 옮김, 서울, 책세상, 2005, p.84.
[13] 모리스 메를로퐁티, 『간접적인 언어와 침묵의 목소리』, p.87.

앞서도 언급한 것처럼, 메를로퐁티는 행동의 차원에서 동물과 인간의 연속성이 있다고 파악한다. 동물이든 인간이든 생물의 몸은 기계처럼 움직이지 않는다. 애벌레, 침팬지, 인간이 어떤 행동을 한다면 그것은 생물로서의 필요를 충족하기 위한, 달리 말하자면 주어진 상황에서 문제를 해결하기 위한 행동이다. 물론 침팬지와 인간의 행동에는 차이가 있다. 인간의 행동은 상징성을 포함한다는 점에서 다른 동물의 행동과는 다르다.[14] 생명체로서 각자에게는 비인칭적 차원에서의 세계 일반이 제시되어 있다. 그러나 그것이 어떤 구체적인 의미를 띠는 나의 상황이 되려면 거기에는 나의 의도 intention가 있어야 할 것이다. 나의 길을 막는 바위가 여기 있는 것은 사실이다. 그러나 그 사실은 사르트르의 말대로 내가 길을 가려는 의도가 있는 한, '나의 상황'이 된다. 나는 길을 계속 가기 위해 계책을 찾을 수도 있을 것이고, 포기할 수도 있을 것이다. 이러한 인간 (생물 일반의 일부이면서 동시에 인간만의 특수성을 동시에 갖는 인간)의 존재 방식이 곧 실존이다. "실존이 사실의 상황을 자기 것으로 되잡아 변형시키는 이 운동을 초월이라고 부른다"(PP., 197/266-267). 사르트르에게 있어 초월은 의식의 초월, 대자존재의 초월이다. 그래서 의식이 자신을 떠나 즉자의 세계로 나아갈 때 의식은 비로소 의식이 된다. 메를로퐁티의 경우 초월은 몸의 초월이다. 그런데 이 몸은 세계에 이미 속해 있다. 따라서 몸의 초월은 곧 내재이기도 하다. 세

---

[14]   M. Merleau-Ponty, *Structure de comportement*, pp.130-133.

계에의 존재는 세계에 속해 있으나, 세계에 완전히 종속되어 있는 것처럼 결정된 활동만을 하지는 않는다. 실존은 비결정적이다. "실존의 근본구조가 의미를 갖지 않는 것에 의미를 실어주는 작용 자체"(PP., 197/266)이기 때문이다.

물론 실존으로 길어낸 의미의 바탕은 공통세계·비인칭의 세계이다. 그러나 인간의 실존은 다른 동물들과는 달리 보다 개인적인·인칭적인 필요에 따른다. 특히나 언어라는 상징체계는 같은 사실로부터 다른 관점과 다른 의미를 선택하는 것이 가능하도록 한다. 물론 언어 및 표현은 공통적인 문화세계를 형성하지만, 또한 동시에 인칭적이고 개별인 고유한 의미를 세계로부터 길어낼 수도 있다. 이런 이유로 동일한 사실이 사람마다 다른 의미로 주어질 수 있다는 것이다. 누군가에겐 자상한 매력남이 다른 이의 눈에는 오지랖 넓은 귀찮은 남자로 보일 수 있다.

3) 타자/상호주체성

또 다른 자아의 실존

이 장에서 지금까지 '다른 사람 역시 나와 같은 주체인가?'라는 물음에 대한 사르트르와 메를로퐁티의 입장을 살펴보았다. 단적으로 말해, 사르트르의 답은 '다른 사람은 다른 사람일 뿐이며, 나와 같은 주체인지 알 수 없다는 것'이고, 메를로퐁티는 긍정의 답을 제시했다. 이러한 대립은 즉자와 대자의 이분법에 대한 둘의 대조적인 입

장과 관련이 있다. 사르트르는 즉자/대자의 이분법을 긍정한다. 둘
은 존재론적으로 구분되고 상호작용을 하지 않는다. 사르트르에게
자아는 사유의 대상, 사유된 대상은 즉자에 해당한다. 반면 사유의
주체, 사유하는 존재는 대자이다. 사유하는 나[자아]는 알려지지 않
는다(어불성설이다).

그러나 메를로퐁티에게서는 타인이 나를 볼 때, 나는 순수한 신
체적 대상이 아니고, 그는 순수한 사유의 주체가 아니다. 우리는 서
로 보며 이해할 수 있다. 메를로퐁티에게 인간 존재는 신체적 존재
이며, 서로 마주보는 것은 곧 그 자체로 일종의 소통이다. 물론 소통
이 거부되는 경우도 있겠지만, 소통의 거부조차 소통을 전제로 하
는 일종의 소통이다. 타인의 존재를 증명하는 것은 애초에 필요 없
다. 인식 아니 지각의 첫 순간에 타인은 사유의 수준을 넘어 존재하
기 시작한다. 타인의 존재는 나의 지각의 순간에 성립하기 시작한
다. 또한 "나의 조망은 다른 의식들이 갖는 조망들과 함께 주어진
다"(PP., 66/107). 내가 여기서 나무를 조망할 때 다른 사람들의 다른
방향에서의 나무 조망 역시 함께 주어진다는 것이다.[15] 지각의 경험
은 나의 경험이되, 다른 사람과 공동으로 하는 경험도 "모나드적이
고 상호주체적인 경험"(PP., 66/107)이다. "따라서 나는 내가 존재한다
는 것과 동일한 진실에 열려 있고, 그러므로 상호주체적 존재, 즉 객
관성의 영역을 나의 지각의 대상에 부여하는 또 다른 '나 자신'으로

---

[15]   이는 지각이 지평과 형태의 구조로 이루진다는 생각과 관련이 있다.

타자를 지각한다. 그의 삶은 나의 것처럼 열린 삶이다."[16]

반면 사르트르에게서 또 다른 나alter ego 는 성립하지 않는다. 사르트르는 타자가 지향의 대상도 아니고 인식의 대상도 아니라고 말한다.[17] 이러한 아이디어는 타자가 의식에 의해 매개되어 출현하는 것이 아님을 함축한다. 이러한 사유에 영향을 받아 레비나스는 타자를 존재자 또는 주체의 영역과 절대적으로 다른 것으로 설명하는 데 성공한다. 타자는 존재자의 바깥으로부터 존재자의 경계에 틈을 내며 얼굴을 들이민다. 그러므로 타자는 타자이지, 결코 또 다른 나는 아니다. 사르트르의 저서에서 직접적으로 알터 에고에 대한 언급을 찾을 수는 없지만, 굳이 사르트르에게 묻는다면, 그의 대답 또한 레비나스와 같을 것이다. 이러한 사유는 서양철학사 전체의 로고스(이성) 중심주의와 동일자로서의 주체 중심주의에 대한 비판으로서 가치가 있다.[18] 일상적으로도 타인은 결국 나와 비슷한 존재라는 생각에서 비롯된 태도는 나의 독선이고 폭력일 수 있지 않은가? 부분적으로 이러한 사유는 메를로퐁티의 것과 일치한다. 메를로퐁티도 타자가 의식이 아니라 지각에 의해 출현한다고 말한다. 지각에 의해

---

16 François H. Lapointe, "The Existence of Alter Egos: Jean-Paul Sartre and Maurice Merleau-Ponty," *The Debate between Sartre and Merleau-Ponty,* p.91.

17 "타자는 공허한 지향의 대상이다. 이때 주체에 대해 타자는 원리상 자기를 거부하고 도망친다."(*EN.*, 273) "타자는 내가 그에 관해 가지고 있는 인식에 의한 것과는 다른 방식으로 나타난다."(*EN.*, 293)

18 레비나스와 같은 타자중심주의에 대한 메를로퐁티 입장에서의 반론은 다음을 참고. 신인섭, "제2인칭을 위한 윤리학의 현상학적 근거 ─ 메를로퐁티의 레비나스 비판," 『철학연구』 제70집, 철학연구회, 2005, pp.43~69.

나타난 타자를 완전히 파악하는 것은 불가능하다. 단지 어느 정도 파악할 수 있을 뿐이다. 그 정도는 타인이라는 또 다른 주체와의 상호 경험에 달려 있다.

갈등 또는 공존

사르트르에게 타인과의 관계는 결국 근본적으로 권력투쟁 또는 갈등이다. 타인은 나를 대상으로 초월된 초월로 만드는 존재이다. 타인에게 나 역시 마찬가지이다. 갈등이란 타자의 초월을 지배하려는 투쟁이자 타자를 초월된 초월로 환원시키려는 투쟁이다. 따라서 서로의 시선에서 벗어날 수 없는 방에 갇힌 『닫힌 방』의 등장인물은 말한다. "지옥은 곧 다른 사람이다." 사르트르는 모든 인간관계가 투쟁이나 갈등이라고 말하는 것인가? 친밀한 관계, 우호적인 관계는 인정하지 않는 것인가? 아버지와 아기는 친밀하고 우호적인 시선을 서로 주고받지 않는가? 적어도 『존재와 무』를 포함한 초기 저작에서, 사르트르는 타인과의 연대에 대한 사유를 보여주지 않는다. 『존재와 무』에서의 존재는 개인의 차원에 집중되어 있기 때문이다. 후기 사상의 대표 저작인 『변증법적 이성비판』의 주제는 사회적 존재로서의 인간의 변증법적 이성이기에 공동의 목표를 갖는 집단 수준에서 타인과의 연대가 다루어진다. 『변증법적 이성비판』은 『존재와 무』의 문제 의식을 떠난 것이라기보다는 연장선상에서 논의가 확장된 것이라고 볼 수 있다. 결국 사르트르는 후기에 가서 타인과의 갈등이 아니라 연대의 가능성을 적극적으로 모색한 것이다.

한편 메를로퐁티에게 타인과의 소통은 긍정된다. 갈등조차 소통의 일종이다. 인간은 이미 세계와 불가분으로 엮여 타인과 그 세계를 공유하고 있다. 조화/갈등, 협력/투쟁 등 모든 관계는 실존적 양상에 따라 가능하다. 인간은 모듬살이를 하기에 이러한 관계를 조직한 제도를 갖는다. 정치는 그러한 제도들 중 가장 상징적이고 결정적인 제도라 할 수 있을 것이다. 메를로퐁티의 관점에서 정치는 문화나 역사와 마찬가지로 주어진 것과 그것을 되잡아 변형시키는 활동의 애매성으로 파악된다. 메를로퐁티가 활동하던 시기는 제2차 세계 대전 이후 미국식 자유주의와 마르크스주의·사회주의의 이념적 대립이 한창이던 때였다. 메를로퐁티로서는 이 둘 중 하나를 택하는 것은 정치나 역사의 애매성으로부터 눈을 돌리는 일과 마찬가지였기에 "제3의 길"을 모색해야 했다. 『휴머니즘과 테러』(1947), 『변증법의 모험』(1955)은 이러한 모색의 산물이다. 『변증법의 모험』은 당시의 정치적 현실(소비에트나 프랑스 내 공산당 등) 자체에 대한 비판에서 한 걸음 물러나 정치와 역사에 대한 메를로퐁티의 고유한 사유를 담은 것으로 평가되며, 사르트르의 『변증법적 이성비판』과 비교해 읽을 여지가 있으나, 현재 다루는 주제의 범위를 넘는 것이므로 본격적인 독해는 생략한다.

제4장

자유

인간은 자유로운가? 자유롭다면 얼마나 자유로운가? 자유 역시 중요한 철학적 주제이다. 그리고 지금 우리의 두 주인공도 마찬가지이다. 특히 사르트르의 『존재와 무』에는 자유와 관련한 분량이 상당한 편이며, 그의 전체 사상에서 자유는 중요한 주제이다. 그에 비하면 메를로퐁티의 경우에는 자유에 관해서는 중요성이나 분량이 적은 편이라 할 수 있다. 그렇기는 하나 자유에 대한 메를로퐁티의 사유는 사르트르의 그것을 상대하여 펼쳐지므로 비교의 여지는 충분하다. 먼저 자유에 대한 사르트르의 기술을 살펴보고, 다음으로 메를로퐁티의 사유를 사르트르와 비교하면서 살펴보자.

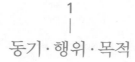

1
동기 · 행위 · 목적

1831년 리옹의 직물 생산 노동자들은 자신들의 임금이 일방적으로 몰래 삭감된 것을 알았다. 그들은 봉기를 일으켰다. 봉기, 이것은 하나의 행위이다. 사르트르는 이 행위를 "지향성", "의도", 혹은 "구상"에 따른 것으로 규정한다. 실수로 화약고를 터뜨린 노동자는 행위를 한 것이 아니지만, 지시에 의해 다이너마이트를 폭발한 노동자는 행위를 한 것이다. 리옹의 노동자들의 지향성은 무엇이었을까? 사르트르는 지향성을 보다 세밀하게 동인mobile 또는 동기motif 및 목적fin으로 나눈다. 행위를 촉발시키는 것이 동인 또는 동기라면, 행위가 이루고자 하는 것은 목적이다. 행위는 동인과 목적이라는 두 요소를 포함하는 것이다. 그러면 리옹 노동자들의 동기는 무엇일까? 괴로움이나 불행일까? 그것만으로는 충분하지 않다. 그들의 불행은 비정립적 의식일 뿐이다. 그들이 그것을 바라볼 때, 그것은 그들에게 용납할 수 없는 것, 즉 바꾸어야 하는 것이 된다. 여기서 '바라본다'는 말은 중요하다. 한 걸음 물러서서 바라본다는 것은 곧 "무화"를 의미한다. 한 걸음 물러나서 바라볼 때, 이중의 무화가 일어난다. "그들은 자신의 계급에 연관된 하나의 행복을 단순한 가능성으로서 ―즉, 현재로서는 일종의 무로서― 생각해야 한다. 그런 반면, 그들은 현재의 상황으로 되돌아와 이런 무의 빛으로 현재의 상황을 밝히고, 현재의 상황을 무화화고, 그리하여 이번에는 '나는 행복하지 않다'고 말할 것이다"(EN., 479/718). 중요한 것은 노동자들이 처한 사실이 아니라 노동자들이 그 사실을 어떻게 받아들이느냐는 것이다. 사실은 사실일 뿐이다. 사실은 의식에게 무화하라고 강요하지 않는다. 존재하는 것은 존재하지 않는 것을 결정하지 않는다.

존재하지 않는 것은 대자의 기투project에 달려있다. "사실적인 상태
는 ―만족한 상태이든 그렇지 않은 상태이든― 대자의 무화적인 능
력에 의해서만 '존재한다'"(EN., 480/719).

무화와 자유

『존재와 무』의 첫 부분부터 사르트르는 줄곧 '무는 인간이라는 존
재에 의해서만 세계에 도래'한다고 주장해 왔다. 이 주장은 인간의
자유에 대한 사르트르의 사유의 주요한 근거가 된다. 인간은 세계
와 자기 자신에게 무를 가져올 수 있다. 무화, 즉 무를 가져오는 것
은 곧 의식(또는 의식의 작용)이다. 의식은 자신을 빠져나와[초월하여],
외재적 대상으로 나아간다[초월한다]. 의식은 초월 자체이다. 자신
을 빠져나오며 대상으로 향해 나아갈 때 펼쳐지는 이 거리는 '무'이
다. 즉 초월은 무화이다. 초월, 무화는 의식의 작용이자 또한 대자
의 본성이다. 무화작용을 하는 존재가 대자존재이기 때문이다. 대
자의 무화는 이중적이다. 한편으로 그것은 대자가 자신의 사실성,
주어진 존재, 과거, 즉자를 뛰어 넘는다는 것을 의미한다. 다른 한편
으로 그것은 지금은 자신이 아니며 없는 것, 즉 무를 향한다. 요컨
대 "존재한다는 것은 대자에게 있어서 대자가 그것으로 있는 그대
로의 즉자를 무화하는 일이다. 이런 조건에서 자유는 무화 외의 그
무엇도 될 수 없을 것이다"(EN., 483/724). 대자는 끊임없이 자신을 부
정한다. 다시 말해 대자는 지금 있는 그대로 있지 않음을 추구하는
존재이다. "나는 영원히 나의 본질 저편에, 내 행위의 동인이나 동

기 저편에 존재해야 하는 운명에 있다"(*EN.*, 484/725). 나는 지금 주어진 이 상태에 머물러 있지 않는다. 사실로부터 비롯된 동인에 의한 행동은 곧 그 동인을 부정하고 그것으로부터 나오며, 그것을 과거로 만든다. 그러므로 "나는 자유롭게 있도록 운명지어진 것이다. … 우리는 자유로운 것을 그만두는 것에 대해서는 자유롭지 않다"(*EN.*, 484/725). 인간의 자유는 절대적이다. 만일 자유의 절대성을 부정하거나 자유를 거부한다면 그것은 자기를 즉자존재로 파악하려는 시도와 같은 것으로 일종의 자기기만mauvais foi이다.

자기기만

왜 그런가? 자기기만이라 함은 자기가 자기를 속이는 것을 말하는데, 사실 속인다는 것은 속는 쪽으로서는 속는다는 것을 몰라야 성립한다. 그렇지만 자기가 자기를 속이는 경우에는 모를 수가 없다. 이런 점에서 자기기만은 모순이다. 예를 들면 이렇다. 당신의 이번 휴가지는 파리이다. 파리에 간 김에 당신은 사르트르가 즐겨 갔다는 생제르망 거리의 '카페 레 되 마고'에 들러 쉬고 있다. 많은 손님들이 들고 나고 북적이며, 종업원들이 분주히 오간다. 그들은 빠릿빠릿하게 걷는다. 그들의 움직임은 민첩하고 미묘하게 기계적이다. 주문을 받는 몸놀림이나 목소리나 눈빛마저 그렇다. 아마도 늘 하는 일이라 그럴 것이다. 그들은 집에서는 그렇게 하지 않을 것이다. "그는 카페의 '종업원이라는' 연기를 하고 있다"(*EN.*, 94/131). 이것이 무엇을 의미하는지 잠깐의 임시직이라도 해 본 사람은 모두 알 것이다. 종업원은 종업원다워야 한다. 이등병은 훈련소를 거쳐 이등병이 된다. 책이 인쇄소를 거쳐 책이 되는 것처럼. 피에르는 종업원의 역할에 대해 잘 알고 있다. 그는 아는 것을 실현하고 있다. 그러나 그는 종업원과 일치한 존재가 될 수 없다.[1] 그는 대자적으로 카페 종업원이 되는 것이다. 그래서 그는 끊임없이 자신의 역할을 반성하고 그것을 수행하면서, 다음 순간 그것으로부터 빠져나온다. 결코 그는 종업원 그 자체가 될 수 없다. 그렇다고 생각한다면 그는 자신을 속이고 있는 것이다. 아니, 속는 척 하고 있는 것이다.

책은 충분한 존재이다. 책에는 여지가 없다. 충분한 존재는 자유로울 여지도 없다. 하지만 인간은 충분한 존재가 아니다. 인간에게는 여지, 결여, 무가 있다. "자유란 그야말로 인간의 핵심에서 '존재되는' 무이고, 이 무가 인간존재로 하여금 '존재하는' 대신 자기를 만들도록 강요한다. … 인간존재에 있어서 존재한다는 것은 '자기를 선택하는' 일이다"(*EN.*, 485/726-727).

실존

인간은 자유로울 수밖에 없으며, 그렇기 때문에 인간에게는 본질이 없다. 칼은 무언가를 자르기 위해 만들어졌다. 칼이 더 이상 무언가를 자를 수 없는 상태가 되었을 때, 그것은 더 이상 칼이 아니다.

---

1 무라타 사야카의 『편의점 인간』은 인간이 편의점 알바에 일치한 경우를 보여주는 매우 독특한 소설이다. 인간이 즉자존재가 되는 특수한 경우가 있을 수 있다면, 소설의 주인공이 그 경우가 아닐까?

칼을 만드는 대장장이는 칼이 무엇인지에 대한 관념을 가지고서 칼을 만든다. 대장장이의 머릿속에 있는 그 관념이 곧 칼의 본질이다. 그렇다면 인간의 본질은? 없다! 사물은 본질이 부여되고 존재하게 되지만, 인간은 존재한 다음에야 무엇이든 된다. 즉 "실존은 본질에 앞선다."[2] 인간에게 본질이 없다는 말과 인간이 자유롭다는 말은 같은 의미를 지닌다. "인간은 우선적으로 미래를 향해 스스로를 던지는 존재이고, 미래 속에 스스로를 기투하는 일을 의식하는 존재"[3]이며, "응고된 채 주어진 그 어떤 인간 본성"[4]도 없는 존재이다.

자유로운 인간은 자신의 선택에 대해 전적으로 책임져야 한다. 그러나 선택의 절대적 기준은 어디에서도 제시되지 않으므로, 불안할 수밖에 없고 따라서 자기기만을 하기도 한다. 그렇지만 어쩔 수 없다. 현상학적 존재론을 통해 확인된 것은 인간은 본질을 가지고 즉자적으로 존재하는 것이 아니라 대자존재라는 것이다. 사르트르가 『실존주의는 휴머니즘이다』에서 제시하는 유명한 예를 통해 이를 확인해 보자. 제2차 세계대전 중 독일에 의해 아버지와 형을 잃고 어머니와 둘이 남은 한 청년이 있다. 이 청년은 집을 떠나 어디든 가서 저항군에 합류하고 싶어 한다. 그러나 그렇게 한다면 어머니가 홀로 남아 실의에 잠기게 될 것이다. 이 점이 청년의 발목을 잡는다. 무엇을 선택해도 어떻게 될지 확실히 알 수 없고, 국가(또는 이념)

2   장 폴 사르트르, 『실존주의는 휴머니즘이다』, 박정태 옮김, 이학사, 2008, p.33.
3   장 폴 사르트르, 『실존주의는 휴머니즘이다』, p.36.
4   장 폴 사르트르, 『실존주의는 휴머니즘이다』, p.44.

도 어머니도 중요하다. 어떻게 하면 좋을까?

사르트르는 계속해서 말한다. 당신은 청년에게 교수나 사제를 찾아가서 충고를 받아보라고 말할 것인가? 청년이 조언자를 선택할 때, 그 청년은 이미 조언의 종류를 결정한 셈이다. 독일에 부역하는 사제일 수도 있고, 저항하는 사제일 수도 있지 않은가? 칸트에게 조언을 청한다면 어떨까? 칸트의 정언명령을 통해 청년은 결정을 내릴 수 있을 것인가? 보편적 입법원리에 따른다거나, 인간을 목적으로 삼아야 한다는 원칙으로는 결정을 할 수 없을 것이다. 사르트르는 자신이라면 이렇게 대답하겠다고 말한다. "자네는 자유롭네. 그러니 선택하게, 즉 발명하게."[5] 우리에게는 모세가 받은 것과 같은 계율이 새겨진 석판이 없다. 만일 있다 하더라도 그것을 어떻게 해석하고 적용할지에 대한 책임은 스스로 질 수밖에 없다. 마음 든든한 이야기는 아니다. 그렇지만 "인간의 운명이 인간 자신에게 있다는 점에서 이는 낙관적인"[6] 휴머니즘이다.

인간에게는 주어진 본질이 없다. 인간은 항상 과정 중에 있다. 인간은 언제나 스스로를 넘어서고 있는 존재이다. 즉 "실존은 본질에 앞선다." 이 말은 곧 인간이 신에 의해 디자인 된 존재가 아니라는 것, 인간은 세계 속에 실존하고 그런 다음에야 정의된다는 것, 인간은 무엇이 될지 스스로 구성하고, 그것을 향해 나아가는 존재라는

---

[5] 장 폴 사르트르, 『실존주의는 휴머니즘이다』, p.51.
[6] 장 폴 사르트르, 『실존주의는 휴머니즘이다』, p.63.

것, 인간은 스스로를 만들어가는 것에 다름 아니라는 것을 의미한다. 삶을 스스로 만들어 나갈 생각을 하지 않고, 이미 정해진 목표가 있는 것으로 생각하는 삶의 태도를 사르트르는 "근엄한 정신"이라고 부르며 경계할 것을 호소했다.

자유의 한계

지금까지 본 대로 사르트르의 관점에서 인간은 절대적으로 자유롭다. 그렇지만 우리는 일상 생활에서 자유롭지 못한 경험을 종종 한다. 이를 어떻게 설명할 것인가? 역시 사르트르는 예시를 제공한다. 사르트르는 지금 등반 중에 만나게 된 거대한 바위 밑에 있다. 그 바위는 길을 막고 있다. 바위가 있다는 것은 사실이며, 바위는 즉자존재이다. 바위는 그의 자유의 한계가 아닌가? 자유에 한계가 있어 보이는 것은 "자유는 '상황' 속에서만 존재"(EN., 534/799)하기 때문이다. 연구실에서 책을 보고 있는 메를로퐁티에게 바위는 한계도 그 무엇도 아니다. 이런 의미에서 "상황은 자유에 의해서만 존재한다"(EN., 534/799). 자유를 막는 장애물은 상황 속에서만 있다. 즉 인간이 무엇인가를 하려고 의도할 때, 자유를 발휘할 때만 상황은 펼쳐진다. 그러나 상황은 인간이 선택하는 것이 아니라, 이미 존재하는 사실의 영역이기도 하다. 그러므로 상황에는 즉자의 몫과 대자의 몫이 있다. 체력도 약하고 훈련도 되지 않은 초보자에게 바위는 위협일 것이다. 반면 전문적인 산악인에게는 바위는 즐거운 도전거리일 것이다. 바위가 어떤 의미를 가질지, 등반 포기의 동기가 될지 아니면 도전의 동기가 될지는 바위가 결정할 일이 아니라 대자의 몫이다. "'저항'으로서 또는 '도움'으로서 주어진 즉자는 기투하는 자유의 빛에서만 드러난다"(*EN.*, 533/798). 물론 사르트르는 등반을 완수하지 못해 낙심할 수도 있다. 요점은 낙심하는 것 또한 그가 오르려는 자유로운 선택을 했기 때문에 생기는 의미이지 바위가 준 것은 아니라는 것이다. 이와 같이 인간과 자유가 동의어라는 사르트르의 주장은 유지된다.

2
|

메를로퐁티의 자유

『지각의 현상학』의 마지막 장의 제목은 '자유'이다. 이 장에서 메를로퐁티는 사르트르가 『존재와 무』에서 제시했던 예시를 적극적으로 이용하면서 자신의 입장을 사르트르의 그것과 비교하여 제시한다. 이를테면 메를로퐁티는 다음과 같이 사르트르의 주장을 요약한다. "사람들이 자유의 장애물이라 부르는 것조차도 사실은 자유에 의해 펼쳐진 것이다. 크든 작든, 깍아 세워져 있든, 비스듬하든, 넘을 수 없는 바위는 그것을 넘으려고 마음먹는 사람에게만 의미를 가지고, 계획을 통해서 그 즉자적, 일률적 덩어리에서 규정들을 오려내어 정위된 세계, 사물의 의미를 출현시키는 주체에게만 의미를 가질 뿐이다. 따라서 궁극적으로 자유를 한계 지을 수 있는 것은 자유 자신이 자신의 발의권에 의해 한계로서 규정했다는 것 이외에는 아무것도 없다"(PP., 498/650). 이어서 메를로퐁티는 "자유에 대한 이러한 최초의 반성은 자유를 불가능하게 만드는 결과를 가진다"(PP., 499/651)고 지적한다. 사르트르의 생각대로라면 노예는 사슬을 끊을 자유도 있고, 자유롭게 노예 생활을 선택할 수도 있을 것이다. 결국 노예는 항상 자유롭다. 항상 어디에서나 자유롭다는 것은 자유가 그 어느 때에도 어디에도 없다고 말하는 것과 마찬가지가 아닌가?

결론부터 말하자면, 메를로퐁티는 인간의 자유가 절대적이라는 주장을 받아들이지 않는다. 자유에 대한 다른 사유는 보다 근본적인 사유의 차이에서 비롯된다. 사르트르는 대자와 즉자의 이분법을 견지하는 반면 메를로퐁티는 인간과 세계가 불가분의 연관 속에 있다는 근본적인 전제를 유지한다. 지금부터 다음과 같은 차례로 메를로퐁티의 자유에 대한 사유를 살피고 사르트르와의 차이를 확인할 것이다. 첫째, 자유의 문제는 육화된 존재로서의 인간의 자유로 접근되어야 한다. 둘째, 자유는 육화된 주체가 세계와 맺는 관계와 관련해서 사유되어야 한다. 셋째, '자유는 상황과 관련되어 있다'고 말할 때, 메를로퐁티와 사르트르가 의미한 것은 서로 다르다.

육화된 주체의 자유

앞서 보았듯이 메를로퐁티는 인간을 신체적 존재로 파악한다. 인간이 몸을 가지고 세계에서 살고 있다는 것이 근본적인 실재이다.

그래서 메를로퐁티가 그 바위를 넘을 수 없는 것으로 즉 자유의 한계로 파악할 때, 이것은 의식적 존재의 파악이 아니라 신체적 존재로서의 파악이다. "내가 그 산을 넘기로 결심했든 하지 않았든, 그 산은 나에게 크다. 왜냐하면 그것은 나의 신체적 점유 크기를 넘어서기 때문이다"(PP., 502/656). 바위를 넘을 수 있는 것으로 파악하거나 넘을 수 없는 것으로 파악하는 것은 몸을 써서 걷고, 올라 본 신체적 존재의 축적된 경험적 앎이다. 우리의 파악 능력, 지성은 신체적 지향성을 바탕으로 해서 형성된 것이다.

앞서 2장에서 몸은 유기체로서의 일반적인 면, 종적인 면, 비인칭적 면과 함께 개인적이고, 구체적인 몸이라는 두 양상을 동시에 갖는다는 점을 보았다. 이러한 몸의 애매성은 자유의 애매성의 근거가 된다. 예를 들어, 나는 친구와 알프스를 걷는 중이다. 둘 다 피로와 고통을 느끼고 있다. 나는 피로와 고통을 더 이상 견딜 수 없다. 그럼에도 불구하고 친구는 계속 걷고자 한다. 그는 무릎의 통증과 발가락의 물집을 견디면서 발을 내딛는 것을 좋아한다. 사르트르라면 이것을 어떻게 설명할까? 메를로퐁티는 각자가 다른 것을 선택했다는 점에 동의한다. 그러나 나에게 모든 선택이 가능하다고 보지는 않는다. 모든 것이 가능하다면 자유는 전적이며, 개연적인 것 또한 없다. 나는 도보 여행을 해 본 경험이 부족하고, 나의 발과 다리가 여행을 얼마나 견딜지 확신하지 못한다. 심지어 관절염 진단을 받기도 했다. 고통은 점점 심해지고, 그것은 망설임을 압도한다. 반면 친구는 도보 여행의 경험이 풍부하다. 그는 이러한 고통을 겪어 본 일이 있고, 그 고통의 끝이 부상이 아니라 견디다 보면 여행과 함께 끝날 것이라는 것을 안다. 게다가 그렇게 할 만큼 끈질긴 성격도 갖고 있다. 그의 개인사를 바탕으로 하여 현재의 그의 선택과 성격이 형성된다. 둘은 같은 곳에서 같이 여행을 하고 있다. 둘이 겪는 것은 어느 정도 공통적이면서도 다르다. 사실을 상황으로 되잡는 주체의 실존과 자유는 공통의 기반 위에서 개별적으로 취해지기 때문이다.

메를로퐁티에게서 지각된 산은 즉자존재에 그치지 않는다. "산은 지각된 사물로서 나의 잠재적 행동의 장에 관계해서, 그리고 나의 개인의 삶뿐만 아니라, '전인全人'의 수준에 관계해서 위치 지어지는 한, 크거나 작다"(PP., 505/660). 산의 크기는 대자의 의미 영역 내의 것이라는 점에서 메를로퐁티는 사르트르에 동의한다. 그렇지만 그 크기는 나만 느끼는 것이 아니다. 우리의 몸은 습관적 행동을 하며, "몸 도식"을 형성하고 조정해 나간다. 우리의 행동에는 특정한 경향성 같은 것이 있다. 이것이 우리 몸이 갖는 비인칭성 또는 일반성이다. 개인적이고 구체적인 부분은 그 위에서 형성되고 수정된다. 그러니 내가 20년 동안 가지고 있던 열등감을 당장 부수기로 선택하는 것은 조금도 개연적이지 않다. 열등감을 가지고 20년을 살았기 때문에 그것은 "나의 현재 분위기"(PP., 505/660)로 형성되어 있다. 자유로운 행동은 가능하거나 불가능하다는 생각, 또 사건은 나의 밖에서 부과되거나 아니면 내 안에서 나오거나 한다는 식의 생각은 이분법이다. 이는 신체적 주체와 세계의 관계를 무시하는 생각이다. "우리의 자유는 우리의 상황을 파괴하는 것이 아니라 우리의 상황과 맞물린다"(PP., 505/660).

사르트르는 곳곳에서 인간 존재를 육화된 주체로 파악하지만 그것을 보다 근본적인 부분까지 보지 못하는데, 육화를 대자의 우연적 방식과 관련해서만 파악하기 때문이다. "사르트르로서는 육화된다는 것은 단순하게 상황에 놓이도록 존재한다는 것, 장소와 시간을 점유하는 것, 특정한 상태와 조건에 놓이는 것"[7]이다. 따라서 상황과 관련된 사실적 조건들의 의미는 자유로운 대자의 선택에 달려있다. 한편 메를로퐁티에게 "육화됨은 상황들의 의미를 발견하는 것이고 이미 일반적으로 형성되어 있는 상황들에 반응하는 것이다."[8] 이 반응은 일반적인 경향과 개인적 특수성이 애매하게 얽혀 있는 사이에서 나온다.

세계와의 관계

메를로퐁티에게 자유로운 행위의 계기는 세계 안에서 발견된다. "우리의 육화된 실존이 세계와 교섭하는 데서 구성되는 모든 결정적 의미-부여의 지반을 형성하는 세계의 자생적 의미가 있다"(PP., 503/658). 물론 이 의미는 "세계에의 존재"에 의해 찾아진다. 세계는

---

[7] John J. Compton, "Sartre, Merleau-Ponty and Human Freedom," *The Debate between Sartre and Merleau-Ponty,* p.180.

[8] John J. Compton, "Sartre, Merleau-Ponty and Human Freedom," *The Debate between Sartre and Merleau-Ponty,* p.180.

나의 환경을 구성하는데, 나의 환경은 타인과의 공통된 환경이기도 하다. 나는 나의 자유를 펼치고 세계에 스스로를 기투하면서 나의 세계를 가지지만 이렇게 하면서 나는 다른 나와 관계를 맺을 수 밖에 없다.

> 인간적 행동이나 사고가 어떻게 '사람들$_{on}$'의 방식에서 파악될 수 있는가? 왜냐하면 원칙적으로 그것은 1인칭 작용이고 '나'와 분리될 수 없기 때문이다. 여기서 그 부정대명사$_{on}$가 나의 복수성, 아니면 나 일반을 가리키기 위한 모호한 공식일 뿐이라고 대답하는 것은 쉬운 일이다. … 또 한 번 사람들은 내가 나의 주위의 타인들이 나를 둘러싸고 있는 도구들을 이용하는 것을 본다고, 내가 그들의 행동을 지각된 동작의 의미와 의도를 나에게 가르치는 나의 친숙한 경험과 행동에 유비해서 해석한다고 대답할 것이다. 최종적으로 타인의 행동들은 언제나 나의 것에 의해서 이해될 것이다. 즉 나에 의한 '사람들' 또는 '우리들'이다(*PP.*, 401/521).

프랑스어 'on'은 '일반적인 사람들', 어디든 어딘가에든 있는 '세상 사람들'을 의미한다. 메를로퐁티는 사람들을 그저 복수의 나, 나의 확장으로 이해할 것이 아니라 공동의 세계를 나와 함께 공유하는 사람으로 이해할 것을 제안하고 있다. 이 사람들은 나와 공동의 세계에서 공공의 기획을 펼칠 수 있는 사람들이다. 언어, 종교, 역사, 문화 등은 나만의 것이 아니며, 세계에서 만나는 대상으로서의 타인만의 것도 아니다. 나의 실존은 필연적으로 타인의 실존과 관련된다. 또한 이런 점에서 자유는 타인과의 관계 속에서만 펼쳐질 수 있으며, 윤리적인 함축을 갖는다.

상황에 근거한 자유

자유가 반드시 상황 속에서의 자유라는 점에 있어서는 메를로퐁티는 사르트르와 의견을 같이 한다. 또한 메를로퐁티는 "상황과 상황을 맡는 자 사이에서 '상황의 몫'과 '자유의 몫'을 한계 짓는 것은 불가능하다"(PP., 517/677)고 말하고 있다. 차이는 다음과 같다. 사르트르는 고문을 받는 것과 같은 극단적인 상황에서도 대자존재는 자유롭다고 말한다. 메를로퐁티는 고문을 받는 사람이 동지들의 이름과 거처를 제공하지 않기로 결심할 때 이는 "고독한 결단"에 의해서 선택한 것이 아니라고 본다. 고문 받는 사람은 자신이 여전히 동지들과 함께 있고 공동투쟁에 참가하고 있다고 느끼기에 말할 수가 없었던 것이다. 그의 결정은 자유로운 것이었으나 그 자유는 버팀대 위에서만 성립한다. 그는 감옥 안에서 여전히 동지들과 공존하고 있다. 그가 자신이 만든 환상에 기꺼이 참여하고 동지들 또는 대의에 충실할 수 있는데 그에게는 "역사적 상황, 동료들, 자기 주위의 세계가 그러한 행동을 기대하는 것처럼"(PP., 518/677) 보이기 때문이다. 그는 순수한 의식으로 결단한 것이 아니라 실존적인 상황으로 인해 그러한 결단을 한 것이다. 메를로퐁티는 자유와 결정론이 양립불가능하다는 관습적 사유를 인정하지 않는다.

동지나 대의에 대한 믿음이라는 버팀대는 곧 그의 상황으로서 그의 자유로운 결단과 결합한다. 메를로퐁티에 따르면 인간 존재는 세계와 이미 불가분이다. 인간이 자유로운 것은 세계에 참여함에 의해서이다. 메를로퐁티는 "세계는 이미 구성되어 있으나 역시 완전하게 구성되어 있지 않다"(PP., 517/676)고 말한다. 이는 세계가 이미 구성되어 있기에 인간은 절대적으로 자유롭지 않고 어느 정도 결정되어 있으면서도 또한 동시에 세계는 완전하게 구성되어 있지 않기에 인간이 그것에 대해 취할 수 있는 가능성이 열려 있다는 것을 의미한다. 그러므로 자유가 전부 아니면 무라고 이분법적으로 말할 수 없는 것은, 자유가 세계를 지평으로 하고 있는 실존자의 참여에 달려 있기 때문이다. 자유는 '전부 아니면 무'가 아니다. 결단 또는 선택은 "세계에의 존재"의 한 관점, 실존의 한 순간이다. 자유는 항상 상황에 놓여 있다. "세계에의 존재"로서의 인간 존재는 창조적 행위와 선택, 양자의 가능성이다.[9]

사르트르와 메를로퐁티의 차이는 주체와 세계의 관계에 대한 관점에서 비롯된다. 사르트르의 주체는 세계와 자신을 무화하는 의식이라, 이전의 세계와 자신을 행위의 토대로 삼지 않는다. 요컨대 "사르트르가 자유를 본성자연nature을 갖지 않는 본성으로서의 의식 자체

---

[9] 신인섭은 이러한 메를로퐁티의 사유를 인간 의지를 아무런 밧줄도 없이 전능한 주관성의 표현으로만 이해하는 휴머니티를 위태롭고도 인위적인 것으로 보고 거부하는 역설적인 안티-휴머니즘이라고 평가한다. 신인섭, "지각에서 역사로의 교두보, 메를로퐁티의 언어 현상학," 『철학연구』 70호, 철학연구회, 2005, p.46.

를 만들었다면 메를로퐁티의 자유는 세계, 세계에 대한 존재, 혹은 세계에 대한 본원적 의식과 분리될 수 없다. 다시 말해 사르트르에게 자유는 세계를 끊임없이 무화하는 과정과 일치하고 메를로퐁티의 자유는 본원적인 세계와 그러한 세계의 의미의 소유에 있다."[10]

사르트르는 말한다. "인간은 인간 자신에 앞서 미리 정의되는 것이 아니라, 인간 자신의 개별적 현재를 따라서 정의된다."[11] 사르트르는 생물학적 또는 문화적으로 인간의 본성이라고 말할 수 있는 것은 없다고 단정한다. 그래서 "인간은 자연적인 결정론을 벗어나 있다"[12]고 분명히 말한다. 이러한 점은 과연 메를로퐁티의 사유와는 대비된다. 메를로퐁티는 한 개인에게 침전되어 있는 고유한 역사와 타인과 공유하는 세계의 관련 속에서 갖게 된 일반성을 긍정한다. 한 개인의 자유는 그 순간의 개인만의 결단에서만 비롯되지 않는다. 사르트르는 인간이 실존에서 주어진 본질이 없어 스스로 만들어 나아가는 존재라는 점을 강조하는 반면, 메를로퐁티는 개인에 앞서 있으므로 개인적 실존의 토대가 되는 자연적·문화적 세계의 토대를 무시하지 않는다. 인간의 자유는 근거도 조건도 없는 운명인가 아니면 근거 위에서만 성립하는가?

---

[10] 정지은, "메를로퐁티에서의 자유의 애매성과 구체성," 『철학과 현상학 연구』 제55집, 한국현상학회, 2012, p.97.
[11] 장 폴 사르트르, 『실존주의는 휴머니즘이다』, p.98.
[12] 장 폴 사르트르, 『실존주의는 휴머니즘이다』, p.98.

제5장

예술

5장에서는 우리의 두 사상가의 예술에 대한 사유를 살펴볼 것이다. 예술론에 있어서는 비교가 잘 되는 부분도 있고 그렇지 않은 부분도 있는데, 먼저 살펴볼 상상이론의 경우에는 비교가 잘 되는 부분에 해당한다. 상상imagination과 이미지image는 플라톤과 아리스토텔레스가 진지하게 다룬 만큼이나 철학사적 두께를 지닌다. 철학에서는 오랫동안 이 용어들이 인식과 관련하여 쓰였다. 후설 또한 "상의식Bildbewusstsein"과 "상상Phantasie"이라는 개념으로 현전하는 어떤 대상을 통해 부재하는 대상에 대한 인식으로 나아가거나, 부재하는 것을 직접적으로 현전하는 능력을 설명했다. 상상과 관련하여 사르트르와 메를로퐁티는 후설이라는 공통된 출발점에서 시작하여 다른 결론으로 나아간다. 그런데 사르트르와 메를로퐁티의 상상이론은 인식론적 함축을 넘어 예술 이론적 요소도 함축하고 있다. 이런 이유로 먼저 상상에 대한 두 철학자의 이론을 비교할 것이다. 이러한 바탕 위에서 미술과 문학에 대한 둘의 입장을 비교할 것이다. 미술과 문학이라는 예술 분야는 둘의 비교가 쉽지 않은 편이다. 사르트르의 경우에는 문학에, 메를로퐁티의 경우에는 회화에 더 관심이 있었기 때문이다. 그러나 사르트르는 자코메티를 통해 자신의 상상이론을 보충했고, 메를로퐁티는 언어에 대한 사유를 통해 문학에 대한 사유까지 유추할 수 있는 여지를 남겼다. 이를 통해 우리는 가능한 접점을 찾아 비교해 볼 것이다. 상상과 예술에 대한 두 사상가의 이론을 비교함으로써 지금까지 다루었던 철학적 주장의 깊은 의미를 보다 분명히 확인할 수 있을 것이다.

1
상상[1]

1) 사르트르의 상상

상상은 의식이다

『상상력』은 사르트르가 22살이던 1936년에 출간한 그의 첫 저작이다. 이 책은 상상력에 대한 일종의 철학사 교과서로 기획·집필되었다. 4년 후 그는 자신의 고유한 이론을 담은 『상상계』를 출판한다.

---

1   본 절의 내용은 아래의 졸고를 수정·보완하였다. "현상학에서의 상상-후설, 사르트르, 메를로퐁티의 상상이론 비교," 『철학논총』 제75집, 새한철학회, 2014.

상상에 대한 사르트르의 사유는 이 두 저서를 통해 접근할 수 있다.

사르트르는 이미지를 의식으로 정의한다. 이미지는 상상의 결과가 아니라 상상하는 의식, 상상 자체이다. 그러므로 이미지는 사물이 아니다. 광화문을 떠올려 보라. 당신의 머릿속에 있는 광화문은 이미지이다. 반면 저기 서울의 경복궁에 있는 광화문은 사물이다. 내가 경복궁 앞에 가서 광화문을 지각할 때, 그리고 집에 돌아와서 그것을 떠올릴 때, 지각의 대상과 나의 이미지의 대상은 같다. 즉 의식은 같은 대상에 다른 방식으로 관계하는 것이다. 이미지와 지각은 의식의 두 활동이며, 단지 대상과 맺는 관계에 따라 구분한다.

상상은 무화하는 의식이다

나는 짚으로 만든 의자를 상상할 수도 지각할 수도 있다. 내가 상상하는 의자는 등을 돌리면 볼 수 있는 그 의자이다. 이런 점에서 상상의 대상과 지각의 대상이 존재론적으로 다른 것은 아니다. 그렇지만 지각은 그 대상으로 의자를 존재하는 것으로 정립하는 반면, 상상은 그 대상을 "존재하지 않는 것, 부재하는 것, 또는 다른 곳에 존재하는 것으로 정립할 수 있다. 또한 그것은 자기의 작용을 '중립화'할 수 있다. 다시 말해서, 자신의 대상을 존재자로 정립하지 않을 수도 있다."[2] 상상적 의식의 정립 행위는 일종의 부정négation이며, 대상을 부재하는 것, 실재하지 않는 것, 비존재로 정립하는 행위이다.

---

2   장 폴 사르트르,『상상계』, 윤정임 옮김, 기파랑, 2010, p.37.

또한 의자가 내 등 뒤에 있다고 하더라도 상상을 할 때 나는 그것이 실제로 있지 않은 곳에서 그것을 지향한다. 이런 점에서 상상적 의식은 그 대상을 "하나의 무로 파악한다. 이처럼 상상 행위는 구성하고 고립시키고 무화하는 일이다."[3]

다음과 같은 예술작품에 대한 체험을 보면 상상을 곧 무화로 정의하는 것이 가능하다. 내가 캔버스에 칠해진 색과 선을 보면서 샤를 8세를 떠올린다고 해보자. 사르트르는 이 캔버스가 제공하는 물질적인 것들을 "아날로공analogon"이라고 부른다. "아날로공"은 상상이 겨냥한 대상의 직관적 내용을 채울 수 있게 도와주는 "유사 물질matière analogique" 또는 "유사 재현물représentant analogique"이다. 우리는 붉은 색과 노란 색 등으로 면과 선이 칠해진 캔버스를 보면서 샤를 8세를 떠올릴 수 있다. 샤를 8세를 떠올리게 하는 캔버스 및 물감자국이 아날로공을 형성한다. 아날로공은 물적인 것일 수도 있고 심적인 것일 수도 있다. 지금의 예에서는 캔버스와 물감 같은 물질적인 것이 아날로공이지만, 아무 것도 없이 샤를 8세를 떠올리는 경우도 있다. 이때에는 샤를 8세에 대한 지식, 상상하는 자의 정서 등의 심적인 것이 아날로공으로 이용된다. 요컨대 사르트르에 따르면 우리는 아날로공을 통해 상상적 지향성을 발휘한다. 그런데 이때 아날로공을 '통한다'는 것은 무엇을 의미하는 것인가? 사르트르는 이

---

3   J-p.Sartre, *L'imaginaire: psychologie phénoménologique de l'imagination*, Paris, Gallimard, 1940, p.348; 『상상계』, p.322.

렇게 말한다. "초상화에 대한 나의 상상 의식의 재료는 물론 그림이 그려진 화폭이다."[4] 요컨대 아날로공은 상상하는 의식의 질료이다. 의식이 아날로공을 넘어설 때 비로소 상상은 발휘된다.

의식이 샤를 8세를 이미지로 만들려면 그림의 실재성은 부정되어야 한다. "이미지를 정립하는 일은 … 실재를 초월하는 일이며, 요컨대 실재를 부정하는 일이다."[5] 그러나 또한 "이미지란 단순하고 순수하게 부정된 세계가 아니"[6]라는 점을 간과해서는 안 된다. 비실재인 켄타우로스나 부재하는 아우디 R8을 상상할 수 있으려면, 그것들이 지금은 여기에 없지만 현전하는 세계를 내가 파악할 수 있어야 한다. 사르트르는 실재를 세계로 파악하는 즉각적인 여러 양태를 "상황"으로 부르자고 제안한다. "의식이 상상하기 위한 본질적인 조건은 그것이 '세계 내의 상황에en situation dans le monde' 있거나 혹은 좀 더 간결하게 그것이 '세계-내에-있어야soit-dans-le-monde'한다고 말할 수 있을 것이다."[7] 우리가 상황에 처해있지 않다면 다르게 말해 세계 내에 있지 않다면 상상은 발휘될 여지가 없다. 상황은 상상적인 것의 가능성일 뿐만 아니라 구체적이고 정확한 동기이다. 사르트르는 이미지가 오직 세계라는 바탕 위에서만 있을 수 있다는 점을 강조한다. "하나의 이미지는 특별한 관점의 세계에서만 부정이므로

---

4   J-p.Sartre, *L'imaginaire*, p.110.

5   J-p.Sartre, *L'imaginaire*, p.352; 『상상계』, p.326.

6   J-p.Sartre, *L'imaginaire*, p.354; 『상상계』, p.328.

7   J-p.Sartre, *L'imaginaire*, p.355.

오직 '세계의 바탕에서만' 그리고 오직 그 바탕과의 관계에서만 나타날 수 있다."[8]

『상상계』의 마지막 장에서 사르트르는 의식은 "세계-내-존재être-dans-le-monde"일 수밖에 없고, 실재와의 관계를 상황으로 겪어낼 수밖에 없다는 결론적 주장을 제시한다. 이러한 결론은 『존재와 무』의 문제의식으로 이어진다. 세계 안에서 의식의 구체적이고 실재적인 상황 전체는 상상적인 것으로 가득하며 그것은 언제나 실재의 초월로 제시된다. 그러므로 실재의 초월로서의 상상은 초월로서의 의식의 본성에서 비롯되며, 상상은 의식의 본질적인 활동이자 대자존재의 초월적 자유를 대표하는 활동이다. 『존재와 무』에서 의식의 지속적인 초월을 무화작용으로 설명했던 것의 단초를 여기 『상상계』에서 찾을 수 있다. 무의 경험은 단독으로 주어지는 것이 아니라 존재하는 것과 '더불어' '속에서' 주어지는 경험이다. 무는 세계와의 경험에서, 존재 경험에서 무이다. "세계의 무화를 본질적 조건으로 그리고 최초의 구조로 파악하게 해주는 것은 바로 의식 앞에서의 상상적인 것의 출현이다."[9]

뒤랑은 사르트르의 상상이론은 "사르트르의 상상에 불과"하며, "서푼짜리"라고 비판한다.[10] 사르트르가 시나 종교적 형상과 같은 인

---

[8] J-p.Sartre, *L'imaginaire*, p.354; 『상상계』, p.329.

[9] J-p.Sartre, *L'imaginaire*, p.359; 『상상계』, p.332.

[10] G. Durand, *Les structures anthropologiques de l'imaginaire: introduction à l'arché typologie générale*, Paris, Dunod, 1992, pp.16-25.

류의 상상적 유산은 전혀 참조하지 않은 채 심리학적 추론만을 함으로써, 결국 현상학을 배신했으며, 상상은 빈약하게 설명하고, 이미지에 대해서는 무지했다는 것이다. 사르트르에 대한 뒤랑의 신랄한 비판 중 적어도 한 가지, 즉 상상의 역할을 축소시켰다는 혐의에 대해서는 고발은 취하되어야 할 것으로 보인다. 지금 막 확인했다시피 사르트르에게서 상상은 대자존재의 본성이자 자유의 근거인데 상상에 더 이상 큰 중요성을 부여할 수는 없어 보이기 때문이다.

2) 메를로퐁티의 상상

상상은 일종의 지각이다

사르트르에게 지각과 상상은 둘 다 의식이나 그 대상을 지향하는 방식이 다르기에 구분되는 의식이다. 메를로퐁티에게 상상과 지각은 구분되지 않는다. 어디에서부터 지각이고 어디까지가 상상인지 구분은 모호하다. 메를로퐁티는 『보이는 것과 보이지 않는 것』에 수록된 「작업노트」에서 사르트르를 직접 언급하며, 그와 자신의 상상 이론이 어떻게 다른지 말한다. 사르트르는 지금 타지에 있는 피에르를 상상하고 있다. 이때, 상상 속의 피에르는 현존하는 유일한 존재로서의 그가 아니라 그의 존재를 실감하는 한 방법에 불과하다. 메를로퐁티는 이를 다음과 같이 반박한다. 피에르의 이미지는 자유로운 상상이 아니라 "일종의 지각, 원격 지각téléperception"[11]이다. 지각된 것, 보이는 것은 봄vision과 대상의 현재적 관계뿐만 아니라 나중에 가질 수 있는 원격 지각을 포함하고 있다. 메를로퐁티에게 지각과 상상은 다른 질서에 속하는 것이 아니다. 상상은 "일종의 지각"이다.

후설의 꿈

상상과 지각이 선명하게 구분될 수 없는 것은 그 두 의식이 모두 세계-에의-존재의 활동이기 때문이며, 그 의식의 뿌리가 세계에 있기 때문이다. 이를 설명하기 위해 꿈의 경우를 보자. 꿈은 메를로퐁티뿐만 아니라 사르트르, 그 전에 후설까지 모두 기술했었다. 후설에게 꿈은 일종의 상상과 같은 경험으로, 잠(꿈 없는 잠)과는 다른 것이다. 잠은 기절처럼 의식활동이 전혀 없는 상태이며, 무의식이고 완전히 비능동적인 상태이다. 반면 꿈은 낮은 단계의 능동성이라 할 수 있는 수동성을 띤 상태이다. 완전히 비능동적인 상태인 잠과는 달리 꿈은 수동성의 특성으로 인하여 일종의 깨어있음의 양태, "깨어있음의 변칙적 양태"[12]이다. 그럼에도 불구하고 "꿈은 실재적인 세계와 지각적으로 관계하지 않는다."[13] 꿈이라는 의식작용을 통해 인상적인 지각작용으로부터 재생적인 상상작용으로 전환이 이루어진다. 일종의 상상으로서 꿈은 어떤 것도 정립하지 않고

[11]   M. Merleau-Ponty, *Le visible et l'invisible*, p.311; 『보이는 것과 보이지 않는 것』, p.371.
[12]   에드문트 후설, 『유럽학문의 위기와 선험적 현상학』, 이종훈 옮김, 파주, 한길사, 2003, p.336.
[13]   홍성하, "꿈의 현상학," 『철학과 현상학 연구』 제23집, 한국현상학회, 2004, p.336.

단지 지각되었던 것을 재생하는 현전화를 한다. 또한 "꿈을 꾸는 자아는 꿈속으로 사라지며, 이 자아는 꿈에서의 자아, 즉 유사 경험의 유사 주체가 된다."[14] 이러한 자아는 상상으로 세계를 구성하지만, 이 세계는 지각되는 세계가 아니며, 꿈을 꾸는 자아는 지각하는 자아와 다르다. 요컨대 후설은 꿈은 상상의 일종이며, 잠과 달리 의식활동의 일부라고 보았다. 또한 상상으로서의 꿈은 지각과 구분된다.

사르트르의 꿈

한편 사르트르는 다음과 같이 말한다. "꿈이란 닫힌 상상계의 완벽한 실현이다. 다시 말해, 절대로 벗어날 수 없으며 외부의 관점을 전혀 취할 수 없는 상상계의 실현이 꿈이다."[15] 꿈을 꾸면서 자다가 깨거나 또는 꿈을 꾸면서 '이것이 꿈이구나'라고 알아채는 경험에 대해 사르트르는 그 순간이 반성적 의식이 출현하는 순간이라고 말한다. 반성적 의식과 꿈은 양립하지 않는다. '나는 꿈을 꾸고 있다'라는 명제는 반성적 의식에 의해서만 만들어진다. 꿈에서 '나는 꿈을 꾸고 있다'라고 생각할 경우, 이것은 꿈에서 이미 깨어, 반성에 의해 내린 판단이다. 그것이 아니라면 그 생각은 "전적으로 그 자체

---

14   E. Husserl, *Phantasia, conscience d'image, souvenir: de la phénoménologie des présentifications intuitives: textes posthumes*, trans., R.Kassis·J-F. Pestureau etc, Grenoble, 2002, p.548.
15   J-p.Sartre, *L'imaginaire*, p.320; 『상상계』, p.299.

로, 오직 그 자체로 채워져"[16] 있는 비반성적 판단으로 깨어난 후의 의식과는 다른 질서에 속한다. 요컨대 "꿈의 명제는 지각과 유사해 보일지라도, 지각의 명제가 될 수 없다."[17] 사르트르는 후설의 정의를 보다 정교하게 만들었다. 후설과 사르트르는 둘 다 꿈을 일종의 상상으로 규정하며 지각 또는 지각적 의식과는 구분한다.

메를로퐁티의 꿈

메를로퐁티는 "관찰 가능한 것과 꿈의 차이는 절대적이지 못하다"[18]고 말하면서 이러한 구분을 부정한다. 메를로퐁티는 잠을 자거나 꿈을 꾸는 행위가 깨어 있는 상태 및 지각 행위와 단절적인 것은 아니라고 본다. 우리는 언제 잠이 드는가? 잠이 들고자 하는 사람은 잠이 든 사람의 행위를 흉내 내어야 한다. 눈을 감고 움직이지 않다 보면 어느 순간 잠이 들어버리는데 그 순간은 어떤 순간인가? 이 순간은 잠과 깸을 선명하게 나누는 선이 아니라 애매한 경계일 뿐이다. 메를로퐁티는 콜레주 드 프랑스에서의 한 강의에서 명백히 사르트르를 겨냥한 것으로 보이는 비판을 한다. 의식철학은 잠을 참된 세계의 부재, 상상적 세계의 현전으로 정립했는데 이러한 생각은 잠과 깸 사이의 관계를 왜곡한 것이다. 잠과 깸의 관계는 다음과 같이 이해해야 한다. "잠이라는 말에도 불구하고 잠은 하나의 행위,

---

16   J-p.Sartre, *L'imaginaire*, p.315; 『상상계』, p.295.

17   J-p.Sartre, *L'imaginaire*, p.315.

18   M. Merleau-Ponty, *Le visible et l'invisible*, p.20; 『보이는 것과 보이지 않는 것』, p.21.

하나의 작용이 아니다. 잠의 사유 또는 잠의 의식은 지각적 여정의 양태이다. 더 정확히 말해서 그것은 일시적 퇴축, 탈분화이며, 비분절로의 회귀, 세계와의 전체적 혹은 선개인적인 연관으로의 물러남이다."[19] 잠의 의식과 깸의 의식은 구분은 하지만 단절은 하지 않는다. 꿈과 상상은 깨어있을 때의 의식 및 지각과 연속적이다. 게다가 지각이 현전하는 것을 대상으로 하고 상상이 부재하는 것을 대상으로 하는 것도 아니다. 이를테면 환각지 현상을 겪는 환자는 개인적인 실존의 차원에서 부재하는 다리를 지각한다. "망상과 꿈의 이면에 … 억압된 채 몸에 각인되어 선개인적인 차원에서 작동하고 있는 이전의 지각된 세계"[20]가 있기 때문이다. 꿈과 망상은 억압된 것이지 없어진 것이 아니다. 그것들은 현실적 지각으로부터 재료를 공급받는다.

메를로퐁티에 따르면 프로이트가 한 것과 같은 꿈의 분석은 "꿈에는 항상 수많은 의미의 층을 발견할 수 있으며, 그 층들은 모두에는 진실이 포함되어 있다는 것을, 가능한 해석의 다수성은 그것들 중 하나만이 진실이라고 말할 수 없이, 각각의 선택이 항상 복수의 의미를 갖는 혼잡스러운 삶의 산만한 표현이라는 것을 보여준다."[21]

---

[19] M. Merleau-Ponty, *Résumés de cours, Collège de France 1952-1960*, Paris, Gallimard, 1966, p.67.

[20] 정지은, "메를로퐁티와 정신분석학,"『철학과 현상학 연구』제40집, 한국현상학회, 2009, pp.163-164.

[21] M. Merleau-Ponty, *Résumés de cours, Collège de France 1952-1960*, p.71.

여기에서 알 수 있는 것은 메를로퐁티가 꿈의 분석으로부터 "명제적 의식 이전의 의식에 의한 의미의 문제"[22]를 숙고하고 있다는 점이다. 의미의 근본적인 소재 내지는 바탕은 결국 세계이다.

이는 또한 사르트르와 비교되는 지점이다. 사르트르는 꿈과 상상계를 반성적 의식으로부터 완전히 닫힌 세계로 본다. 사르트르는 꿈이 꿈꾸는 자의 현실적 세계와 무관할 수 없다는 점을 외면하지 않았지만, 일관된 태도로 상상의 세계와 지각의 세계는 각자의 질서에 따른다는 점을 강조한다. 즉 꿈의 이미지가 깨어있을 때 겪은 일들과 무관하지 않고 상징의 형태로 나타난다고 할지라도, 꿈의 의식은 실재를 실재의 형태로서 파악하는 것도 아니고, 반성을 하거나 하기로 결정할 수도 없다. 꿈의 세계는 주체의 자유를 허용하지 않는 그 자체로 꽉 찬 세계이며, "존재 정립이 없는 일종의 매혹"[23]이다. 결국 "의식과 실재의 관계를 특징짓는 이 '세계-내-존재'는 꿈꾸고 있는 의식에는 적용될 수 없다."[24] 이처럼 사르트르에게 상상과 지각, 상상과 세계는 분리된다.

22   정지은, "메를로퐁티와 정신분석학," p.165.

23   J-p.Sartre, *L'imaginaire*, p.327; 『상상계』, p.305.

24   J-p.Sartre, *L'imaginaire*, p.330; 『상상계』, p.308.

2
|
미술

1) 사르트르

예술작품

앞서 살핀 것과 같이 예술작품은 아날로공이면서 동시에 아날로공이 아니다. 하나의 회화작품은 캔버스와 물감 등으로 이루어진 물질이면서도, 그 안에 상상적인 것을 품고 있다. 예술작품은 이중의 존재론적 지위를 가지고 있는 것이다. 그것은 하나의 사물, 즉자이다. 그러면서도 그것은 또한 대자이다. 위작 여부를 감정하기 위해, 덧칠이나 선을 확대하여 분석하는 경우는 예술작품이 아니라 하나의 사물을 다루고 있는 것이다. 예술작품이 중요한 것은 즉자로서의 지위 때문이 아니다. 그렇다면 예술작품은 어떻게 대자일 수 있는가? 사르트르는 인간은 외부 사물에 자기 내면성을 새긴다는 헤겔의 주장을 이어받는다. 예술가는 자신의 작품에 자신의 사상, 표지, 주체성 즉 자신의 영혼을 쏟아붓는다.[25] 이렇게 예술작품은 예술가의 분신, 또 다른 자아alter ego가 된다. 사르트르에 따르면 예술작품이 가능하려면 예술가의 특정한 태도, 즉 "미학적 태도" 내

---

[25]   J-p.Sartre, *Situation II*, Gallimard, 1984, pp.59-60.

지는 "상상적 태도"가 필요하다. 이 태도는 자신을 비실재화하고, 세계를 탈실재화하는 태도이다. 예술가가 "예술을 선택했다는 것은 상상의 세계에서 살기를 선택했다는 말과 같다."[26] 예술가는 창작을 하면서 지각하는 의식이 아니라 상상하는 의식을 통해 세계와 관계를 맺는다.

　요약하자면 사르트르에게 예술은 상상적인 것이다. 상상적인 대상과 관계맺는 의식, 즉 상상적 의식은 세계로부터 물러나는 무화하는 의식이다. 예술작품은 무, 대자, 의식과 같은 존재론적 지위를 갖는다. "실재란 결코 아름답지 않다는 결론을 낼 수 있다. 아름다움은 오직 상상적인 것에만 적용할 수 있을 가치이며 그것은 세계의 무화를 그 본질적 구조 속에 포함하고 있다."[27]

자코메티 비평

　사르트르의 미학은 『상상계』의 뒷부분에 한정적으로만 펼쳐지며, 본격적으로 개진되지는 않았다. 그러나 기회가 있을 때마다 화가들의 작품을 비평한 일종의 작품론은 다수 남겼다. 여기서는 그 중 자코메티의 경우를 통해 위의 예술작품론이 적용된 사례를 살펴보자. 자코메티라면 가느다란 인체의 조각이 먼저 떠오르지만, 회화작품도 다수 남긴 저명한 예술가이다. 사르트르와 친분이 있었다고 한

---

[26]　변광배, "사르트르 미학의 이론적 토대: 헤겔 미학의 수용과 비판," 『프랑스학연구』, 제72집, 프랑스학회, 2015, p.381.
[27]　장 폴 사르트르, 『상상계』, pp.342-343.

다. 『존재와 무』의 앞 표지는 자코메티의 〈떨어지는 남자〉로 꾸며져 있기도 하다.

사르트르는 자코메티의 조각에서 실재와 구분되는 상상적인 것/이미지의 제시를 발견했다. 우리에게 친숙한 그리스식 고전 조각상은 대리석에 모델의 존재를 자연 그대로 새겨넣으려는 이상을 구현한 시도이다. 그러나 이 이상은 실현될 수 없다. 왜냐하면 '자연 그대로'는 조각가나 감상자 자신과 별개로 있는 것이 아니기 때문이다. 이러한 깨달음이 곧 고전주의의 종말이자 모더니즘의 시작일 것이다. 고전적인 조각의 이념의 허구성을 증언하는 자코메티의 방식은 조각의 물질성과 분할되지 않는 상상의 공간을 회복해 보이는 것이다. 고전적인 조각상을 감상할 때, 가까이 다가가서 보면 멀리서 볼 때보다 세부적인 것을 더 자세히 볼 수 있다. 그러나 사르트르에 따르면 자코메티의 조각상에 가까이 다가가는 것은 불가능하다. 왜냐하면 가까워 질수록 보이는 것은 여인의 젖가슴이 아니라(이는 멀리서만 보인다), 겹겹이 쌓인 석고의 주름이다. 자코메티의 조각상은 그것과 감상자 사이의 거리까지 이미 품고 있다. 감상자가 어디에서 조각상을 보던지 그것은 실재라고 착각되지 않는다. 그것은 어디까지나 비현실적인 조각상이다.

그럼에도 불구하고, 이는 인간의 참된 모습, 절대적인 모습을 담으려는 시도인 "절대적인 것의 추구_{recherche de l'absolu}"이다. 그러나 차이는 있는데, 고전예술가들이 절대에 도달하기 위해 존재 자체를 형상화하려 한 반면, 자코메티는 상황 속에서의 순간의 나타남을 재현하고자 했다. 사르트르는 자코메티의 작품을 감상하기 위해서는 신중하게 주시하는 것이 아니라 옆에서 곁눈질해야 한다고 말한다. 자코메티가 묘사한 인물은 스치는 듯해서 쳐다보면 사라졌다가 다시 반대편에 나타나는 우리 주위를 맴도는 환영들 같다. 이러한 작품 속에서 사르트르는 거리, 비어 있음, 무를 자신 속에 담고 있는 인간의 모습을 재발견한다.[28]

2) 메를로퐁티

회화

사르트르에게 있어 예술작품은 이원적이다. 즉, 캔버스라는 즉자이며 존재이자, 동시에 대자의 상상적 의식으로 파악되는 상상적인 것, 무이다. "예술작품의 존재가 가시적 물질성이고, 무는 그 속에 있는 것으로 여겨지는 관념성"으로 파악되는 한, 사르트르의 '존재-무', '즉자존재-대자존재'의 대립항은 데카르트의 이원론의 연장이다.[29]

메를로퐁티의 경우 그림이나 이미지는 "똑같이 찍어낸 것, 베낀 것, 이차적 사물"[30]이 아니라, "준현전quasi-présence"[31]이며, "봄을 내적으

28 지영래, "사르트르의 상상력 이론과 미술 비평 — 자코메티의 경우," 『프랑스문화예술연구』 제21집, 프랑스문화예술학회, 2007, p.19.

29 박정자, 『빈센트의 구두』, 기파랑, 2005, p.77.

30 M. Merleau-Ponty, L'œil et l'esprit, Gallimard, 1964, p.23; 『눈과 마음』, 김정아 옮김, 서울,

로 뒤덮는 곧 실재의 상상적 직조"[32]를 제공하는 것이다. 즉 그림 및 이미지는 즉자의 세계에 속하는 것이 아니고, 반대로 주관적 구성물이나 허구의 산물도 아니며, 준현전 즉 "완전한 현전은 아니지만 현전에 가깝거나, 완성되려는 것을 의미"[33]이다. 또한 "실재의 상상적 직조"라는 언급은 "상상적인 것과 실재를 더 이상 나눌 수 없으며 서로 뒤섞여 있음을 강조하는 것이다."[34] 요컨대 메를로퐁티에게 있어 그림은 실재로서의 그림과 그것에 재현된 상상적인 것이라는 이중성을 갖는 것이 아니며, 실재의 세계와 구분되는 상상적 세계에 속한다고 말할 수도 없다.

메를로퐁티는 상상적인 것/실재, 대자/즉자의 이분법을 거부하는 정의를 제시한다. 즉 그림은 "몸의 수수께끼"[35]이다. 이는 "우리 몸이 사물들처럼 '보이는 것'인 동시에 '보는 주체'임을 함축[36]한다. 초기 철학에서 메를로퐁티는 지각 장에 대한 기술을 통해 지각의 주체와 대상이 단절적으로 구분되지 않는 현상임을 보여주었다. 후기 철학에서 그는 주체와 대상의 공동 질료, 공동 차원으로서의 '살'을 개념

마음산책, 2008, p.47.

[31] M. Merleau-Ponty, *L'œil et l'esprit*, p.23; 『눈과 마음』, p.47.

[32] M. Merleau-Ponty, *L'œil et l'esprit*, p.24.

[33] 김화자, "현대 사진 속 '상상적인 것'에 대한 현상학적 연구," 『미학 예술학 연구』 28권, 한국미학예술학회, 2008, p.193.

[34] 김화자, "현대 사진 속 '상상적인 것'에 대한 현상학적 연구," p.193.

[35] M. Merleau-Ponty, *L'œil et l'esprit*, p.24.

[36] 김화자, 「해제-메플로퐁티의 현상학에 나타난 언어와 회화의 표현성」, M. 메를로퐁티, 『간접적인 언어와 침묵의 목소리』, p.119.

화한다. 보는 자와 보이는 것은 모두 같은 살을 질료로 이루어져 있다.[37] 보는 주체와 세계는 상호 침투해 객관적으로 산출되지 않는 깊이를 산출한다. 이 깊이가 곧 객관적인 세계만도, 주관적인 세계만도 아닌 '살'을 나타낸다. 살의 존재론은 회화론에서 구체화한다. 그림은 보이는 것이지만 그 안에 보이지 않는 것을 포함하고 있다. 그림은 보이는 세계를 반영하는 거울이 아니라 보이지 않는 것, 즉 원초적 세계를 포함하는 세계의 표현이다. 이 원초적 존재는 비개인적인 차원이나 이것이 그림에 표현될 때는 개인적인 체험으로서 나타난다.

그러므로 화가는 자기가 체험한 세계를 표현하려는 임무를 스스로 진다. 화가는 "자연에 덧붙여진 인간 l'homme ajouté à la nature"[38]이며, 세계에서 유출되는 의미를 자신의 신체를 통해 질료차원에서 가공한다.[39] 화가가 각고 끝에 완성한 하나의 작품에서 의미는 드러나지만, 그것은 "그림이 의미를 표현한다기보다는 의미가 그림을 잉태하는 것"[40]이다. 그러나 감상자가 화가의 지각과 정서를 외면한다면 그는 작품에서 아무 것도 체험하지 못할 것이다. 작품에 표현된 것

---

[37] 이를테면 지금 보이는 내 팔의 살은 감각물 중 하나이나, "그 속에는 자연과 타인을 비롯해 여타의 모든 것들이 서로 섞여 각인되어 있다." 김화자, 「해제-메를로퐁티의 현상학에 나타난 언어와 회화의 표현성」, p.117

[38] 모리스 메를로퐁티, 「세잔느의 회의」, 『의미와 무의미』, 권혁면 옮김, 서울, 서광사, 1985, p.27.

[39] 신인섭, "메를로퐁티와 세잔: 지각으로서의 회화," 『철학』 제96집, 한국철학회, 2008, pp.37-38.

[40] M. 메를로퐁티, 『간접적인 언어와 침묵의 목소리』, p.46.

의 원천은 그 스타일, 표현성을 함축한 세계 자체이다.

그러므로 메를로퐁티에게도 그림은 실재의 세계에 속하는 즉자 존재에 그치지 않는다. 이러한 주장에 한에서는 메를로퐁티는 사르트르와 견해를 같이 하는 것으로 보인다. 또한 상상적인 것의 원천이 세계임을 파악했다는 공통점도 있다. 사르트르는 대자존재가 실재와의 관계를 상황 속에서 겪어내며, 상황에는 상상적인 것이 가득하다는 점을 무시하지 않는다. 단지 그 상황에서의 세계와 대자 존재가 어떻게 연루되는지에 대한 설명을 하지 않고 지나쳐 버렸다. 이는 "세계-내-존재"와 "세계-에의-존재"의 근본적인 차이 때문일 것이다. 사르트르의 "세계-내-존재"는 의식적 존재의 초월을 그 본질로 한다. 스스로를 초월함으로써 "세계-내-존재"일 수 있으며 "세계 안의 상황"에 있게 된다. 그러나 메를로퐁티가 말하는 "세계-에의-존재"는 이미 세계에 속해 있는 존재이다. 예술작품이 지각된 것, 보이는 것을 드러낼 때 동시에 보이지 않는 것, 보이지 않게 주어지는 세계와의 합의가 개시된다. 상상적인 것의 원천이 세계라는 것은 이런 의미에서이다.

세잔

메를로퐁티가 사랑하고 찬양해 마지않았던 세잔의 그림은, 아니 세잔의 그림에 대한 메를로퐁티의 사유는 메를로퐁티가 생각한 예술의 본질을 잘 보여준다. 세잔에 대한 메를로퐁티의 사유는 세 가지로 정리할 수 있을 것이다. 자연, 원근법, 색으로 표현한 깊이가 그것이다.

첫째, 자연. 세잔 본인은 화가의 임무를 이렇게 진술한다. "화가는 자연의 탐구에 전적으로 헌신해야 한다."[41] 이를 위한 세잔의 노력은 지난했다. 한 인터뷰에서 세잔은 "당신은 모든 것을 잊어야 한다고 말했다. 왜 풍경 앞에서 이와 같은 준비와 숙고를 하는가?"라는 질문을 받고, "내가 더 이상 순수하지innocent 않기 때문이다. 우리는 문명화된 사람들이다. 우리는 아무 것도 모르지 않는다. 우리는 [문명의] 편리한 방식을 갖고 태어난다. 그런 편리한 방식은 깨부수어야 한다. 그런 방식은 예술의 죽음이다"[42]라고 대답한다. 유치원에 다니는 어린이가 자동차나 번개 또는 해를 그리는 방식을 떠올려 보라. 그것들은 어느 정도 틀에 박혀 있다. 산부인과의 분만실에서 태어났을 때부터, 우리는 특정한 문화적 세계에서 특정한 방식으로 사물을 보도록 길들여진다. 태어난 곳이 산부인과가 아니라 흙바닥의 초가집이나 토굴이라면 다른 문명적 방식과 문명적 내용을 익혀야 할 것이다. 그러나 어쨌든 문명화는 시작된다. 세잔은 그러한 문명의 안경을 벗고 자기의 눈으로 자연을 탐구하려고 한다. 그렇지 않다면 예술은 아무 것도 아니기 때문이다. 물론 세잔의 안경은 어린이의 것보다는 훨씬 무겁다. 그 무게는 고전주의뿐만 아니라 인상주의 아니 서양미술사 전체를 포함하는 것이다. 세잔의 이

[41] John Rewald, *Paul Cézanne: Correspondance*, Paris, Bernard Grasset, 1937, p.262.
[42] Joachim Gasquet, *Cézanne*, Encre marine, 2012, p.156.

런 노력은 원초적인 세계를 회복하려는 메를로퐁티 현상학의 예술 버전이다. 세잔이 구현하려는 자연은 메를로퐁티가 말하는 지각적 세계, 현상적 장이다. 이 세계는 세계와 주체가 최초로 만나면서 개시되는 세계, 객관화 이전의 세계이자 주체가 형성할 의미의 원천인 세계이다.

그렇다면 세잔은 구체적으로 어떻게 원초적 세계를 구현했는가? 새로운 눈으로 자연을 보려는 세잔의 시도가 맺은 결실 중 하나는 여러 시점을 채택한 것이다. 이 시도는 르네상스 이후 세계를 사실적으로 재현하기 위한 장치로서 기능해 왔던 원근법의 권위에 저항하는 것이다. 원근법은 2차원의 평면인 미술을 3차원의 환영으로 만드는 데 크게 기여한 미술적 장치이다. 고전주의의 가정에 문제 제기를 하는 것이 모더니스트 화가의 운명이라면, 세잔 역시 예외가 아니다. 그는 원근법과 기하학적 균형을 의도적으로 무시한다. 로랑의 분석을 보자. 로랑의 분석, 〈그림 1〉은 세잔의 작품에 묘사된 물체들을 보는 눈이 하나의 지점이 아니라 여러 지점에 있음을 보여준다. 르네상스 시대에 고안된 선형 원근법이 완전히 무시되어 있다. 또한 테이블 아래쪽 선은 균형이 맞지 않는다. 고전주의의 입장에서 보면 이러한 그림은 잘못 그려진 그림이다. 실제로 세잔은 전통과 권위를 자랑하는 살롱전에서 몇 차례 낙선했었다.

메를로퐁티는 세잔이 객관적인 원근법과는 다른 지각적 경험에서 나타나는 원근법, 즉 "체험된 원근법perspective vécue, 우리 지각의 원근법"[43]을 발견했다고 말한다. 기하학적 원근법은 세상의 중심점

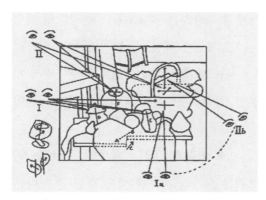

그림 1 로랑의 도식

에 인간(의 눈)이 있는 것으로 가정하고, 그것을 중심으로 세계의 깊이를 재구성하는 사유 내지는 객관화이다. 세잔은 그림에 소실점을 없애면서 깊이를 사유에 의해 구성하지 않기로 한다. 세잔은 객관화 이전의 생생한 지각 경험, 즉 테이블 위의 사물들을 슥 훑어볼 때의 지각 경험을 구현하고자 한 것이다. 객관적 태도를 취하여 테이블을 본다면 로랑이 한 것처럼, 여러 관점들은 잘 구분된 채로 제시되나 "그와 같은 객관적 태도를 취하지 않고 지각할 때에는 여러 관점들은 잘 구분되지 않고 '하나의' 방의 모습이 나타난다."[44] 세잔의 정물화, 〈과일바구니가 있는 정물〉(그림 2)처럼 말이다. 이 그림을 분석없이 보았을 때 우리는 별다른 이상한 점을 느끼지 못한다. 세잔이 "선객관적인 지각 현상에서 개별 감각적 관점들이 하나의 유기

---

[43]   M. Merleau-Ponty, *Sens et non-sens*, p. 23

[44]   주성호, "세잔의 회화와 메를로퐁티의 철학," 『철학사상』 제57집, 서울대학교 철학사상연구소, 2015, p. 287.

그림 2 과일바구니가 있는 정물

적 관점을 형성하는 것을 포착"[45]했기 때문이다.

세잔은 기하학적 원근법을 버렸지만 세계의 깊이까지 포기한 것은 아니다. 세잔은 인상주의가 빛과 대기 속의 사물의 인상을 표현하느라 사물의 무게를 희생시켰다고 본다. 모네 등의 인상주의 화가들은 색을 섞지 않고 점을 찍어, 시시각각 변화하는 색의 뉘앙스를 표현했다. 세잔이 보기에 인상주의조차 색을 분석하여 자연을 재구성한 것이다. 이에 반발하며 세잔은 연속적이고 누진적으로 색을 이용하여 사물의 "견고함과 물질성"[46]을 복원하고자 했다.

메를로퐁티는 세잔의 그림에서 윤곽선이 사라졌다는 것을 높이 평가한다. 윤곽선은 대상의 동일성을 나타내는 기능을 하지만 우리의 지각 경험을 객관화한 결과이다. 세잔의 그림에서 사물의 동일

[45] 주성호, "세잔의 회화와 메를로퐁티의 철학," p.287.
[46] M. Merleau-Ponty, *Sens et non-sens*, p.21.

성은 윤곽선을 배제한 채 색으로 표현된다. 그렇기 때문에 경계가 불분명한 경우가 허다하다. 〈과일바구니가 있는 정물〉의 '배'처럼 "우리가 체험한 한 대상의 두드러진 모양(배의 중앙)은, 어두워지면서 깊이 속으로 물러나는 배경(배의 가장자리) 속에서만 나타난다. 그렇지만 전통 회화는 이와 같은 지각적 대상을 객관적으로 파악하고, 가장자리를 전경(모양)처럼 만들며, 결국 대상의 모든 측면을 '평준화'하여 우리가 체험한 대상의 두께나 깊이를 사라지게 한다."[47] 메를로퐁티는 전통회화의 윤곽선으로는 세잔이 포착한 체험된 깊이가 표현되지 않는다고 본다. "단 하나의 선으로 표시하는 것은 깊이를 희생하는 것이 될 것이다. 즉 우리 앞에 펼쳐진 것이 아니라 감춰진 것들로 가득찬 것으로서 그리고 고갈될 수 없는 실재로서 우리에게 사물을 주는 차원을 희생하는 것이 될 것이다."[48]

자코메티는 사르트르의 글에 딱히 의사를 표명한 일이 없으며, 세잔은 메를로퐁티의 글을 볼 기회가 없다. 결국 사르트르의 자코메티는 사르트르 자신이며, 메를로퐁티의 세잔은 메를로퐁티 자신일 것이다. 철학자는 미술작품에서 자신의 사유가 재현된 것을 확인한다. 철학자만이 그렇게 할 것이다. 사르트르와 메를로퐁티의 글들은 하나의 해석, 그 이상은 아니다. 그렇지만 사르트르와 메를로퐁티가 생각하는 예술이 무엇인지는 자세히 보여준다는 점에서

---

[47] 주성호, "세잔의 회화와 메를로퐁티의 철학," p.292.
[48] M. Merleau-Ponty, *Sens et non-sens*, p.25.

이들을 이해하려는 우리에게는 의미가 있다. 사르트르는 자코메티의 작품에서 대자의 본성을, 메를로퐁티는 세잔의 작품에서 의미의 원천인 세계와의 근원적 접촉을 발견하여 보였다.

3
|
언어와 문학

1) 사트르르의 언어관

산문과 시

사르트르의 언어와 문학에 대한 사유는 매우 풍부하다. 그는 소설과 희곡의 작가였으며, 대담이나 단편적인 글을 통해 언어와 문학에 대한 생각을 자주 표현했다. 그중 가장 주요한 것은 아무래도 『문학이란 무엇인가』(1947)일 것이다. 이 책에서 사르트르는 산문과 시의 이분법을 제시한다. 산문은 단어들을 '이용'하면서 명확하고 분명한 방식으로 '의사소통'을 하는 것이고, 시는 언어의 바깥에 위치하면서, 그 언어 속에서 자신의 재료를 찾아내는 것이다. 산문은 언어로 의사소통을 하려는 태도이고, 시는 언어를 사물처럼 간주하는 태도이다.

언어는 행동이다

인간이 글을 쓰고 말을 한다는 것은 일종의 행동이다. 예컨대 어제까지 있던 건물이 오늘 발생한 지진으로 '없어졌다'고 말한다고 치자. 건물을 없앤 것은 지진이겠지만, 이것을 지각하고 묘사하는 것은 인간의 의식이다. 사물의 의미를 드러내는 것은 의식이며, 의미를 말이나 글로 옮기는 것은 곧 상황을 드러내고 상황에 변화를 가져오는 것이므로 언어화는 행동이다. "Me, too"라고 말하는 것은 얼굴 없는 가해자를 고발하는 것, 만연한 성추행과 성폭력을 드러내 보이는 것, 피해자에게 연대감을 표현하는 것, 또한 성추행과 성폭력의 금지를 촉구하는 것이다. 그러므로 말을 하거나 글을 쓰는 것은 드러내는 것이자 바꾸고자 하는 행동이다.

기호와 이미지

이런 점에서 언어는 무엇보다도 전달을 목적으로 한다. 언어를 전달을 위해 사용하지 않는 경우가 있다. 시가 그러한 경우이다. "시인은 언어를 '이용'하기를 거부하는 사람이다."[49] 시인은 언어를 이용하지 않고 "말에 봉사한다."[50] 시인의 말은 사물이다. 사르트르는 저기 보이는 돌이나 책상처럼, 그림 속 노란색이나 기억 속 냄새도 사물이라고 말한다. 시 속의 말도 그렇다. 반면 산문에 이용되는

---

[49] J-p.Sartre, *Situations II*, Paris, Gallimard, 1948, p.63
[50] J-p.Sartre, *Situations II*, p.64

언어는 기호이다. '개'라는 말이 기호일 때, 그것은 멍멍 짖고 꼬리를 흔드는 동물을 의미한다. 그런데 실제 개와 기호 개는 필연적 관계를 갖지 않는다. 그러나 '개'라는 말이 사물이라는 것은 곧 이 말이 이미지라는 뜻이다. 개의 이미지는 실제 동물 개와 유사하다. 정리하자면 산문은 기호로서의 언어를 이용하고, 시는 이미지로서 언어를 추구한다.

산문적 태도와 시적 태도

여기에 더하여 사르트르는 작가가 어의signification를 통해서 의사를 전달하기 위해 기호를 가지고 작업을 하는 데 반해, 다른 예술가(시인, 화가, 조각가 등)는 물리적 이미지, 즉 사물을 창조하여 우리에게 의미sens, meaning를 접하게 한다. 결국 "언어에는 두 가지 용법이 있는데 하나는 '의미'를 추구하는 말의 '시적인' 사용이고, 다른 하나는 그것의 정상적인 사용, 즉 '어의'를 추구하는 '산문적인' 의사소통이 있다는 것이다."[51] 사르트르의 이러한 이분법은 상당히 극단적으로 보인다. 과연 우리의 언어가 그렇게 두 가지로 딱 잘라 구분되는가? 이러한 이분법은 시와 산문의 장르적 구분이라기 보다 '시적 태도'와 '산문적 태도'라는 두 미학적 입장의 대립으로 바꾸어 이해할 필요가 있어 보인다. 즉 "산문적 태도가 기호의 일의성을 통해서 가능

---

[51] 지영래, "사르트르의 언어와 문체, 그리고 번역," 『프랑스문화예술연구』, 제35집, 프랑스문화예술학회, 2011, p.454.

한 한 가장 명확하게 의사소통을 이루는 것을 목적으로 한다면, 시적 태도는 일종의 자기도취 속에서 의사소통에는 무관심하고, 상상적 의식에 의지하여 의미의 다의성을 추구하는 것이다."[52] 이 두 가지 미학적 태도는 작품 안에서 공존할 수밖에 없다. 산문적 태도로 쓴 것이 틀림없어 보이는 『존재와 무』에도 다의적인 문장들이 다수 있으니 말이다.

2) 참여문학론

『문학이란 무엇인가』에서 사르트르는 자신의 문학론, 즉 참여문학론을 제시한다. 이는 문학을 통한 참여engagement[53]이며, 문학에 사회적 역할이 있다는 입장이다. 참여문학론의 중심에는 쓰기, 특히 산문가로서의 글쓰기가 있다. 산문가의 글쓰기는 드러내기, 폭로하기, 변화시키기와 동의어이자, 행동이다. 그렇기 때문에 작가의 글쓰기는 중립적이거나 불편부당한 것이 아니다. 일단 작가가 글을 쓰게 되면 그 대상인 세계는 "순결innocence을 잃는다."[54] 의식적 존재

---

52   지영래, "사르트르의 언어와 문체, 그리고 번역," pp.455-456.
53   참여로 번역한 engagement는 '구속', '계약' 등의 뜻도 가지고 있다. 자유롭도록 저주받은 인간에게는 주어진 목적이나 본질은 없다. 그런 것이 있는 것처럼 세상을 살아가는 것은, 근엄한 정신에 입각한 기만일 뿐이다. 인간은 자신의 상황에 대해 스스로 책임지면서 자유롭게 삶을 창조해야 한다. 자유롭고 창조적으로 세계에 자신을 던지는 것이 곧 참여이다. 이것이 실존과 관련된 참여의 의미이다. 문학론에서 참여는 사회참여로 요약될 수 있다. 작가는 상황으로서의 세계에 대해 책임을 다 해야 하기에, 세계에 참여하는 문학을 해야 한다.

인 작가에 의해서 세계는 의미를 얻게 되었기 때문이다. 작가는 상황에 처한 자이기 때문에 편파적partial일 수밖에 없다. 이러한 작가가 글을 쓰는 것은 상황의 문제점을 드러내고 고발하는 행동이게 된다. "작가는 세계를 특히 인간을 다른 인간들에게 드러내기를 선택했다. 그것도 그들이 이처럼 드러난 대상 앞에서 전적인 책임을 지게끔 하기 위해서 말이다."[55] 작가는 사회의 문제점을 드러내고 고발하며 변화시킬 책임이 있다.

나아가 작가는 "인간이 자기 자신에 대해 가지고 있는 개념을 변화시키는 책무"[56]를 진다. 사르트르는 부르주아계급 지배 사회에서 인간은 절대적 존재로서의 위상을 잃고 "완두콩 통조림 속의 한 알의 완두콩에 불과한 것"[57]이 되고 말았다고 진단한다. 오늘날 인간은 자기 세계를 전체적으로 파악하지 못하고 전체의 부분, 부품으로 축소되고 말았다. 참여작가는 인간을 전체로 보는 "종합적 인간학"을 세우는 데 기여할 책임이 있다. 사르트르의 문학 사용법은 과격하고, 전면적이며, 총체적이다. 인간의 총체적 해방은 한 사회의 지배계급과의 전면적 대결, 곧 총체적 혁명을 통해서만 획득될 수 있기 때문이다. 사르트르는 사회의 변화는 전체적으로 급격한 방식으로

---

[54] J-p.Sartre, *Situations II*, p.73.

[55] J-p.Sartre, *Situations II*, p.74.

[56] 변광배, "'앙가주망'에서 '소수문학'으로-사르트르, 들뢰즈·가타리의 문학 사용법," 『세계문학비교연구』 제56집, 세계문학비교학회, p.121.

[57] J-p.Sartre, *Situations II*, p.32.

이루어진다는 확신을 가지고 있었고 문학 역시 "파괴적 힘"을 발휘해 이에 기여해야 한다고 확신했다.[58]

나중에 그는 이러한 본인의 주장에 대해 시대의 산물, 즉 시대에 의해 강요된 담론이라고 술회했고, 문학의 참여기능을 대부분 철회했다. 사르트르의 참여문학론은 앙가주망을 강조하다보니, 문학에 유토피아의 건설이라는 지나친 목표를 설정했다는 비판을 받기도 했으나 '문학이 무엇을 할 수 있는가?'라는 질문에 대한 하나의 대답을 제시한다는 의의는 인정해야 할 것이다. 글쓰기를 통해 한 사회에서 발생하는 불의에 저항하는 것은 가능하고 여전히 필요하기 때문이다. 이런 점에서 사르트르의 참여문학론은 문학에 대한 사유의 도착지점이 아니라 출발지점이 되어야 할 것이다.

3) 메를로퐁티의 언어

언어는 행동이다

메를로퐁티는 사르트르처럼 본인의 문학관을 제시하지는 않았다. 그렇지만 『문학이란 무엇인가』에 비교할 만한 메를로퐁티의 저서가 없는 것은 아니다. 『의미와 무의미』에 실린 몇몇 에세이는 지금 막 살핀 사르트르의 주장에 대한 메를로퐁티의 비판을 담고 있

---

58 변광배, "'앙가주망'에서 '소수문학'으로-사르트르, 들뢰즈·가타리의 문학 사용법," p.122.

다. 그렇지만 메를로퐁티의 관심사는 문체의 구분이나 문학의 역할 자체라기보다는 언어는 무엇이며, 언어의 창조성은 어떻게 발휘되는지에 관한 것이다. 먼저 언어에 대한 메를로퐁티의 사유부터 살펴보자.

당신은 지금 어둑한 곳에서 희미한 빛에 노출된 무언가를 포착했다. '이건 브러쉬군.' 이것은 인식이자 표현이다. 인식이 있고 표현이 있는 것이 아니다. 작가가 글을 쓸 때, 그는 글의 마지막을 알고 있을까? 작품 속 모든 세부사항은 그의 머릿속에 들어 있을까? 결코 그렇지 않다. 작가는 언어 없이는 글쓰기를 시작하지 않고서는 자신의 생각을 알 수가 없다. 생각과 언어화는 인과적인 관계에 있지 않다. 그것은 동시적이다. "말parole은 이미 형성된 사고를 번역하는 것이 아니라 그것을 수행한다"(PP., 207/278).

어떤 언어를 알게 된다거나 익힌다는 것은 어떤 것일까? 아기는 태어난 언어적 공동체에서 쓰는 말을 통해 자신을 파악하고, 그 의미를 익힌다. 이는 즉 "말이 대상들과 의미들의 단순기호이기는커녕 사물들에 거주하고 의미들을 운반한다는 것을 조건으로 하기에"(PP., 207/278) 가능하다. 말의 의미는 말하고 듣는 행동과 동시에 발생한다. 한국인이 한국어로 한국인과 대화할 때와 외국어로 대화할 때를 비교해 보자. 외국어로 말할 때는 한국어로 생각하고 그것을 외국어로 바꾸느라고 고생스럽다. 한국어로 말할 때는 이러한 과정을 거치지 않는다. 말하기는 내 몸의 자연스러운 동작이다. 말의 의미를 개념화할 수 있지만 그 이전에 의미는 우리의 말하기 행동에 이미 들어있다. 이런 점에서 메를로퐁티에 따르면 우리가 학문을 익히는 것은 아이가 모국어를 익히는 과정과도 유사한 점이 있다.

> 외국에서 내가 말의 의미를, 행동의 맥락에서 그 말이 차지하는 지위와 공동 생활의 동참을 통해서 이해하기 시작할 때, 마찬가지로 잘 이해되지 못한 철학적 텍스트가 나에게 그 의미의 최초의 소묘인 어떤 양식을 적어도 드러낼 때 스피노자의 양식이든 비판철학의 양식이든 현상학 양식이든 나는 그러한 사고의 존재 방식으로 스며들어감으로써 그 철학자의 어조, 강세를 재생산함으로써 철학을 이해하기 시작한다. 요컨대 모든 언어는 스스로를 가르치고 자신의 의미를 청자의 정신에 가져다 나른다(*PP.*, 209/279-280).

철학책을 처음 읽는 사람에게 스피노자의 『에티카』의 첫 문장, "나는 자기 원인이란 그것의 본질이 존재를 포함하는 것, 또는 그것의 본성이 존재한다고 생각할 수밖에 없는 것이라고 이해한다"는 이해가 될까? "말이야, 당나귀야" 정도가 평범한 반응이 아닐까? 서양철학을 전공한 철학과 교수에겐 이 문장의 모든 단어의 의미는 깊고도 즉각적으로 이해될 것이다. 하지만 그 교수도 학부 1학년 때엔 그렇지 않았다. 책을 읽고 강의를 들으며 그 낯선 언어들을 친숙하게 만들도록 체화하는 것이 철학같이 매우 지성적이라 여겨지는 학문에서조차도 유일한 공부 방법이다.

세계

　모국어를 쓰는 사람들끼리의 대화에서 머릿속의 번역 과정 같은 것이 불필요하다는 것은 사고와 표현이 동시적인 동작, 행동임을 의미한다. 반면 서툴게 외국어로 대화할 때, 표현과 사고는 동시적이지 않고 번역의 과정을 거친다. 의사소통을 번역의 단계 없이 매끄럽게 할 수 있는 것은 "'표상'이나 하나의 사고를 가지고 소통을 하는 것이 아니라 말하는 주체, 어떤 존재 양식, 겨냥하는 '세계'에 의해서"(PP., 214/286) 소통을 하기 때문이다. 언어를 통해 의미작용을 하는 것은 내가 사유 자체이기 때문이 아니라 몸 담고 있는 세계에서의 실존하는 활동, 행동이기 때문이다. 언어가 행동이라고 말하는 점에서 메를로퐁티와 사르트르는 같은 명제를 말한 셈이다. 그렇지만 그 의미는 사뭇 다르다. 메를로퐁티의 주장은 이런 것이다. 예컨대 우리는 어떤 사람의 몸 동작에서 분노를 읽을 수 있다. 이것이 어떻게 가능한가? 분노라는 동작의 의미는 "주어지는 것이 아니라 이해되는 것, 즉 관람자의 행동에 의해 재파악되는 것이다"(PP., 215/288). 어린 아이가 우연히 정사를 목격하는 일이 생겼다 하더라도 성적으로 미성숙한 아이에게 그것은 별난 광경 정도이지 그 성적 의미가 파악되지는 않는다. 동작의 "대상이 현실적이고 충분히 이해되는 것은 나의 신체의 능력이 그 대상에 일치하고 그 대상을 회복할 때이다"(PP., 216/288). 메를로퐁티는 사르트르가 『존재와 무』에서 애무 등의 성적 동작을 통해 타자와의 관계를 기술했던 것을 환기시킨다. 사르트르가 한 것처럼, 성적 동작의 지적 의미를 세밀히 분석하는 것은 가능하지만, "지적 의미를 규정하기도 전에, 그러한 동작은 세세대대로 '이해되고' 수행된다. 내가 '사물'을 지각하는 것이 나의 신체에 의해서인 것처럼 내가 타자를 이해하는 것은 나의 신체에 의해서이다. 이렇게 '이해된' 동작의 의미는 신체 뒤에 있지 않으며, 동작이 그려내는 것이자 내가 내 쪽에서 다시 잡는 세계의 구조와 뒤섞인다"(PP., 216-127/289).

인간은 세계에의 존재이자 신체적 주체로서, 타인들과 세계를 공유한다. 언어는 공동 세계의 산물이다. 그러므로 "말하는 주체들 사이에서 현실적인 새로운 말은 관련된 공동 세계를 확립한다"(PP., 217/290). 이로써 하위 문화 집단의 특수한 언어 용법도 설명할 수 있다. 소위 '급식체'를 쓰는 주체들은 자신들만의 특수한 공동 세계를 만들어 나가는 주체들이다. 어른들의 뉴스에 관련 보도가 나가버리면 급식들은 더 이상 보도된 급식체를 쓰지 않는다. 그들에게 있어 열려버린 세계는 떠나야 할 낡은 세계에 불과하다.

우리가 언어의 의미가 공유되고 있는 세계에 있다는 것은 의미심장하다. 우리는 몇 가지 언어를 쓸 수도 있다. 그러나 말이 세계에서 생존하고, 의미를 나누고, 문화적 삶을 영위하는 활동 중 하나라고 한다면 그 여러 언어 중 내가 "살고 있는 언어"는 특별히 하나일 수밖에 없다. "언어를 완전하게 동화하려면 그 언어가 표현하는 세계를 떠맡아야 하는데, 사람들은 단번에 두 세계에 속하지는 못하기"(PP., 218/291) 때문이다. 또한 같은 이유로 한 언어의 깊은 의미는 다른 언어로 번역될 수 없다. 외국인이 한국어 '정'의 깊은 의미를 이해하려면 한국어 공동체에서 충분히 오랫동안 사는 수밖에 없다.

파롤

1952년에 처음 발표된 『간접적인 언어와 침묵의 목소리』에서 메를로퐁티는 말의 용법에 대한 논의를 심화시킨다. 말parole은 실제로 내가 지금 하고 있는 어떤 말이라는 가장 평범한 의미에서의 말이다. 소쉬르가 사회적인 언어 체계로서의 랑그langue와 개인의 구체적인 발화 행위인 파롤을 구별한 것을 의식하면서 메를로퐁티는 현상학적 언어론의 과제를 '파롤에 귀환'으로 여겼다. 메를로퐁티는 파롤은 사유의 주체가 아니라 말하는 주체의 실천적인 행위로 재정의했다. 그렇다고 하면 언어는 이미 형성된 사유, 사물이나 사실의 표상 이상으로 사용될 수 있다. 언어의 진정한 사용은 이미 확립된 언어를 반복하는 것이 아닌 새로운 의미를 창조하는 것이다.

4) 메를로퐁티의 문학

침묵의 말

새로운 의미를 창조하는 언어는 그림이나 문학 같은 창조적인 예술 작품이 사용하는 언어이다. 내가 지금 내 무릎 위에서 자고 있는 회색 동물을 '고양이'라고 부를 때, 이 단어는 지시하는 기호이다. 문학에서의 언어는 기호가 아니다. 예컨대 어떤 소설에서 "내 무릎 위에서 고양이가 자고 있다"고 묘사되고 있다고 하자. 이는 필경 고양이가 자는 사실을 지시하려는 것이 아니라 어떤 분위기나 조짐 어쩌면 인물의 심정 등을 드러내려는 것이다. 어떤 것이 될지는 문맥에 달려 있다. 소설의 언어는 대상에 대해 직접적으로 말하는 언어가 아니라, 다른 것으로 둘러 말하는 간접적 언어이다. 스탕달 소설 속에서 "살인의 욕구는 단어들 어디에도 나타나지 않는다. … 살인의 욕구는 단어들 사이, 즉 단어들이 한정하고 있는 공간과 시간, 의미 작용의 틈 사이에 존재하고 있는 것이다."[59] 그러므로 이러한 말은 "침묵의 말"이다. 간접적 언어, 침묵의 말의 의미는 확정되지 않았다. 의미는 생성 중이다. 그러므로 문학적 소통에는 "모험적 요소"가 있다. 위대한 문학작품은 애매모호함을 내포하고 있으며, 명제로 확정될 수 없다. 문학작품을 통해 나는 기존의 관점을 버리고 완전히 새로운 관점으로 이끌릴 수도 있다. 매일 겪는 사실로부터 처음 느끼는 의미를 발견하게 될 수도 있다.

문학과 회화

홍미롭게도 자코메티는 자신의 모델이 되어준 야나이하라에게 다음과 같은 말을 건네었다. "내가 당신의 얼굴을 그린다는 것은 아무도 탐험하지 않은 미지의 세계 속으로 들어간다는 뜻이고 우리는 함께 그 모험 속으로 막 들어가려는 참이오."[60] "소설도 회화와 마찬

---

[59] 모리스 메를로퐁티, 『간접적인 언어와 침묵의 목소리』, p.87.
[60] 2017.12.21~2018.04.15 예술의 전당 한가람미술관에서 열린 〈알베르토 자코메티 전〉의 도록 p.116에서 인용.

가지로 무언의 표현 활동인 것이다."[61] 소설가의 작업과 화가의 작업은 둘 다 아직은 알려지지 않은 의미를 찾는 일이다. 앞서 회화를 다룬 부분에서 살핀 것처럼 예술가에게 있어 스타일이라는 것은 세계와 접촉한 몸의 고유한 체험을 자신의 언어로 만드는 것이다. 고흐의 붓질과 모네의 붓질은 각각 그 화가의 스타일로서 그가 체험한 세계의 진실을 표현한다. 우리가 그 붓질의 언어를 배운다면 —『에티카』를 이해하는 것처럼— 보편적 세계로부터 구체적인 새로운 의미를 또한 받아들이게 된다. 단, 소설과 그림은 시간과 관련해서는 차이가 있다. 미술작품의 경우에는 창작되었을 때의 의미가 현재에는 퇴색할 수도 있고 더 강화할 수도 있다. 문학작품은 그보다 의미의 변화가 훨씬 더 클 수 있다. 문학작품의 표현은 파롤의 유연성에 근거하기 때문이다.

헌정 겸 비판

『간접적인 언어와 침묵의 목소리』는 사르트르에게 헌정된 글이다. 메를로퐁티가 이 글을 사르트르에게 헌정한 이유는 무엇일까 생각해 본다. 본서에서 모두 언급하지 못했지만, 메를로퐁티가 다루는 주제들, 즉 참된 언어 사용, 스타일, 산문과 시, 문학의 역할 등은 모두 사르트르가 먼저 다루었던 주제들이다. 메를로퐁티는 사르트르에게서 영감 내지는 영향을 받은 것이 틀림없다. 그러나 보다

---

[61] 모리스 메를로퐁티, 『간접적인 언어와 침묵의 목소리』, p.86.

시피 결론은 매우 다르다. 메를로퐁티는 사르트르의 언어에 대한 이분법이나 참여문학론을 받아들이지 않는다. 메를로퐁티의 관점에서 언어의 사용은 결국 몸-주체의 세계와의 교섭의 표현이다. 타인과 공유하는 세계에서 사는 것은 지속적인 의미작용이며, 그 의미를 표현하는 것은 철학의 목표이기도 하다. 이런 점에서 "문학의 과제와 철학의 과제는 결코 분리될 수 없다."[62]

---

[62] 모리스 메를로퐁티, 「소설과 형이상학」, 『의미와 무의미』, p.44.
반면 사르트르는 문학과 철학을 구분했는데, 이는 문체와 관련된 구분된다. 산문 중에서도 철학적 산문은 개념의 명확한 전달이 가장 중요하기 때문에 문체라는 것이 고려될 필요가 전혀 없다. 문학인 산문의 경우에는 여러 겹의 의미를 담을 수 있는 문체가 중요하다.

제6장

글을 맺으며

지금까지 사르트르와 메를로퐁티의 사유를 비교하면서 살펴보았
다. 이제 여정을 마무리하려 한다. 다음과 같이 뒤를 돌아보고 앞을
내다 봄으로써 마무리 하고자 한다. 먼저 아직도 비교하지 못한 것
이 몇 가지 있다. 정치와 존재론이 그것이다. 본격적으로 다루지 못
한 아쉬움을 간단한 검토를 통해서라도 달래고자 한다. 다음으로
지금까지 살핀 본문의 내용을 다시 한 번 간단히 요약할 것이다. 마
지막으로 두 사람의 사유가 남긴 것이 무엇인지 생각해 보면서 글을
마치려 한다.

1

비교하지 못한 것들

1) 정치

폭력

이 분야에서 사르트르와 메를로퐁티의 사유의 키워드는 폭력, 휴머니즘, 변증법이다. 다른 분야의 사유는 시간 상 사르트르가 먼저 제시하고 거기에 대해 메를로퐁티가 반응을 내놓은 식이었지만, 폭력 등의 문제에 대해서는 사르트르가 메를로퐁티에 이론적 영향을 받았기에 먼저 메를로퐁티의『휴머니즘과 폭력』(1947)의 주 내용을 보도록 하자.

이 책의 부제는 '공산주의 문제에 대한 에세이'이다. 구체적으로는 공산주의의 폭력, 더 구체적으로는 스탈린주의의 폭력, 정치적 숙청의 정당성이 다루어진다. 스탈린의 폭력적인 정치 재판의 정당성을 판단하기 위해 메를로퐁티는 철학자답게 질문한다. '정당한 폭력이란 있는가?' 답부터 말하자면 '그렇다.' 휴머니즘을 실현하기 위한 수단으로서의 폭력은 현실적으로 필요하고 그것이 정당성의 근거가 된다. 이런 점에서 공산주의의 폭력은 파시즘이나 자유주의의 폭력과는 달리 정당하다.

사르트르는 메를로퐁티를 추모하는 글에서 이 책으로부터 자신이 방법과 대상을 발견하고 보수주의에서 벗어날 수 있었다고 술회한다.[1] 사르트르는 1952년까지 공산주의와 소비에트연합에 대해 경계하는 태도를 가지고 있었는데, 1952년을 기점으로 공산주의에 협력하는 태도로 바꾼다. 물론 이러한 태도의 변경이 전적으로 메를로퐁티의 영향이라고는 할 수 없지만, 『휴머니즘과 폭력』이 당시의 사르트르의 고민을 어느 정도 해결해 준 것은 분명해 보인다. 특히 1952년의 "개종" 후, 사르트르가 소비에트의 폭력을 프롤레타리아 휴머니즘을 위한 진보적 폭력으로 보고 옹호하는 것을 보면 메를로퐁티의 입장과 일치한다는 점에서 그렇다. 결국 폭력의 정당화에서 관건은 '역사의 진보'이다. 사르트르는 『변증법적 이성비판』(1960)에서 역사와 관련된 문제들을 본격적으로 다룬다.

역사의 의미

그런데 아이러니하게도 사르트르의 "개종"에 이론적 조력을 한 메를로퐁티는 같은 시기에 『휴머니즘과 폭력』에서의 주장에 대해 회의를 품고 있었다. 이윽고 그는 소비에트와 혁명적 정의로서의 폭력에 대한 지지를 철회하기에 이른다. 그는 『변증법의 모험』(1955)에서 공산주의도 아니고 자유주의도 아닌 제3의 길을 제안한다. 그런데 『변증법의 모험』을 메를로퐁티의 정치철학이 담긴 책이라고 말할 수 있는 것은 제3의 길의 구체적인 내용 때문이 아니라, '역사

---

1   장 폴 사르트르, 『시대의 초상-사르트르가 만난 전환기의 사람들』, p.250.

의 의미'에 대한 내용 때문이다. 그에 따르면 역사의 의미는 휴머니즘의 완전한 실현이라는 이상을 향해 진보하는 데 있는 것이 아니다. 그렇다고 해서 역사의 의미가 없는 것도 아니다. 만일 그렇다면 우리는 역사를 공부할 필요가 없을 것이다. 역사의 의미는 있지만 필연적이지도 유일하지도 않다. 역사의 의미는 우연성 속에서 세계를 공유하는 주체들의 상호작용에서 발생하거나 해석된다.

이에 반해 사르트르는 공산주의와 소비에트에 대한 기존의 주장을 철회하지 않는다. 오히려 밀고 나아간다. 후기에 가서 사르트르는 존재를 떠나 새로운 사유의 지평을 찾는데 그것은 바로 역사이다. 그는 거의 평생을 우연성으로부터 빠져나오려 몸부림쳤는데, 드디어 역사로부터 우연성과 무의미를 탈출할 단단한 지평을 찾은 것이다. 그는 『변증법적 이성비판』 1권에서는 마르크스주의와 실존주의를 결합하고자 하는 시도를 했다. 즉 "물질적 조건 및 영향과 인간의 실천이 어떠한 방식으로 변증법적 종합을 이루는가를 보여주려" 했는데, "그것은 물질이 인간을 결정한다고 보는 일원론적 유물론에 대하여 인간과 사물(물질)이 상호 작용하는 이원론적 변증법의 제시이다."[2] 『변증법적 이성비판』 2권에서는 "물질에 우위를 부여하는 유물론적 역사가 아니라 인간과 물질(사물)과의 변증법적 상호관계로 이루어지는 역사를 규명해 보려"[3] 했다. 요점은 그가

---

2 강충권, "사르트르의 변증법에 대한 고찰," 『불어불문학연구』 75집, 한국불어불문학회, 2008, p.21.
3 강충권, "사르트르의 변증법에 대한 고찰," p.23.

역사의 의미와 진보라는 신념을 버리지 않았다는 것이다. 그러나 이러한 시도는 성공을 거두지 못했으며, 심지어 논리적으로는 전체주의로 귀결될 뿐이라는 비판을 받는다.[4] 70년대에 들어서야 그는 사회주의 국가들에 대한 환상에서 벗어나게 된다.

메를로퐁티와 사르트르의 정치적 사유에는 혈흔이 낭자하다. 때는 제2차 세계 대전이 끝나고 신생 사회주의 국가들에 대한 환상 또는 희망이 남아 있던 시기였다. 결국 사회주의는 자유주의의 대안이 되지 못하였고, 자유주의의 문제가 해결된 것도 아니다. 이 두 철학자에게 이러한 현실을 돌파할 답을 기대하는 것은 무리이다. 단지 조화와 소통뿐만이 아니라 갈등과 충돌까지 모두 공동의 삶이라는 메를로퐁티의 긍정과, 인간의 타락을 막는 방법은 결국 휴머니즘이라는 사르트르의 교훈만은 여전히 새겨둘 가치가 있어 보인다.

2) 존재론

살의 존재론과 『존재와 무』

우리는 『존재와 무』와 『지각의 현상학』을 위주로 두 철학자의 사유를 비교했다. 그러느라 메를로퐁티의 존재론을 비중있게 다루지 못하였고 앞서 몇 군데에서 메를로퐁티 후기의 '살의 존재론'을 언

---

4 다음 책의 2부를 참조. 에릭 베르네르, 『폭력에서 전체주의로: 카뮈와 사르트르의 정치사상』, 변광배 옮김, 서울, 그린비, 2012.

급했었다. 삶의 존재론을 몇 마디로 요약한다는 것은 불가능할텐데, 그 어려운 일을 이소희는 다음과 같이 해낸다. "메를로-퐁티의 후기 철학인 삶의 존재론에서 … 존재는 자신 안에 부정성$_{\text{negativite}}$이나 간격$_{\text{ecart}}$을 포함하는 한에서 '존재의 열개$_{\text{dehiscence de l'Etre}}$' 속에서 자기 자신을 스스로 열어서 끊임없이 자기 자신을 현상화한다. 이처럼 존재는 현상들 속에서 자기 자신을 표현하지만, 그와 동시에 존재는 그 뒤로 물러서면서 자기 자신을 감추면서 부재하는 방식으로 존재한다."[5] 논리적으로 존재는 '있음'이자 '-임'이고 그렇지 않은 것은 '무'나 '아님'이라고 해야 할 것이다. 그런데 메를로퐁티는 존재가 그 안에 '무'나 '아님'을 그 자체 포함하고 있다고 말한다. 포함하고 있는 간격을 통해 존재는 스스로 드러내지만 동시에 다 보여주는 것은 아니라 감춘다. 앞서 설명했던 부분들로 돌아가 다시 한번 봐주시길 부탁드린다. 삶의 존재론을 본격적으로 다루다 보면 이 책은 너무나 두꺼워질 것이다. 단지 여기서 말하고 싶은 것은 지금까지 본 것처럼 메를로퐁티의 사유와 사르트르의 사유는 만났다가 멀어지고 멀어져서 서로를 가리키곤 하는데 존재론 역시 그렇다는 것이다. 사르트르에게서 무는 무화하는 존재로부터 발생한다. 무화하는 존재는 대자존재이다. 그러므로 존재는 무를 포함한 존재와 그렇지 않은 존재로 구분된다. 이러한 존재론적 구분은 『존재와 무』에

---

[5] 이소희, "후기 메를로퐁티의 삶의 존재론에서 본 세계," 『철학과 현상학 연구』 제40집, 한국 현상학회, 2009, p.181.

서부터 『변증법적 이성비판』까지 유지된다. 반면 메를로퐁티는 존재 그 자체의 일원적 구조를 초기부터 암시하여 후기에 완성한다.

2
|
프레너미

본문에서의 논의를 요약하되, 사르트르와 메를로퐁티의 사유가 일치 또는 대립하는 지점을 되도록 선명하게 정리해 보자.

『존재와 무』 VS 『지각의 현상학』

사르트르와 메를로퐁티는 모두 자신의 철학적 첫 주저에서 후설의 현상학적 기획을 완성시키려는 포부를 펼쳤다. 사르트르는 후설의 현상학이 현상의 일원론을 수립하는 데는 성공했으나, 현상의 존재를 설명하는 데 이르지는 못했다고 보았다. 그리고 의식과 존재의 관계를 현상학적으로 기술하는 현상학적 존재론을 자신의 임무로 삼았다. 단적으로 말해서 사르트르의 존재론은 대자존재와 즉자존재의 이원론이다.

메를로퐁티는 현상학이 "세계와의 접촉에 철학적 지위를 부여하기 위한 철학"(*PP.*, Ⅰ/13)이어야 한다고 보았다. 이런 이유로 메를로퐁티는 지각의 현상에 주목한 것이다. 메를로퐁티는 지각이 이루어질 때 지각을 하는 주체와 지각되는 세계가 주객의 이원론적 구도로 포섭되지 않는 원초적 장이 열린다는 것을 보여주며, 지각을 하는 사람은 이미 세계에 뿌리를 내리고 속해 있는 존재임을 보여주었다. 『지각의 현상학』에서 메를로퐁티는 아직 주체와 대상이라는 이분법적 구도의 용어를 사용하고는 있지만, 지각의 현상에서 그 둘의 분리가 명료하게 되지 않는 지각 현상 자체의 애매성을 보여주었다. 결국 그는 후기에, 살의 존재론으로 일원론적 존재론을 제시한다.

의식과 몸

메를로퐁티는 지각 현상을 기술하여 지각을 하는 주체가 몸을 벗고 날아 올라 세계 위에서 조망하는 존재가 아니라 몸으로서 세계에 속한 존재임을 보여주었다. 메를로퐁티는 의식이 아니라 몸과 행동으로 인간의 주체성을 해명했다.

사르트르에게서 의식과 몸은 보다 복잡한 구도로 설명이 된다. 의식이 스스로를 초월하여 비로소 의식이 될 때 몸으로서 그렇게 한다. 이것이 대자존재로서의 몸이다. 대자존재로서의 몸은 '-에 대하여$_{de}$'가 없는 몸의식이다. 몸이 의식의 대상인 경우, 즉 'conscience du corps'의 몸은 대타-몸이다. 이 몸은 내가 보는 타인의 몸, 타인이 보는 나의 몸이다. 그런데, 이 몸은 마네킹이 아니라, 사람의 몸이다. 이런 이유로 몸은 세 번째 존재론적 차원을 갖는데 그것은 곧 대타-몸이 된 나의 몸이다. 우리는 몸으로써 보기도 하고 보이기도 한다. 그렇기에 몸은 대자의 면도, 대타인 면도 있으며, 대타적인 몸에 대해 대자로서의 난처함을 느끼게도 된다. 이 난처함은 세 종류의 존재론적 질서는 구분될 뿐 통일될 수 없다는 데서 오는 난처함이기도 하다.

한편 메를로퐁티의 입장에서는 대상으로서의 몸은 객관화의 결과로서 인정되지만 객관화 이전의 현상적 몸, 즉 자기 몸의 경험을 기술함으로써 몸이 주체이면서도 동시에 대상일 수 있음을 보여준다.

타자와의 관계

사르트르에게 타자의 몸은 "마술적인 대상"(EN., 391/585)이다. 보이는 외양 너머에 뭔가가 있기는 하나 확인할 길은 없다. 타자의 주체성은 있을 것 같기는 하나 내 쪽에서는 원리상 설명이 되지 않는다. 그러면서도 타자의 시선은 나로부터 나를 중심으로 형성된 세계에 구멍을 내고 나의 주체성을 흡수해 간다. 타자와 나의 관계는 근본적으로 갈등의 관계이다. 사르트르는 나중에 『변증법적 이성비판』에서도 근본적으로 인간은 인간에 대해 늑대이기에 집단으로 통일되기가 어렵고 따라서 이를 해결할 (스탈린적) 독재 정당이 필요하다고 주장한다.

메를로퐁티는 갈등조차도 소통의 일종이라고 본다. 인간은 신체적 존재이기에 세계라는 공동의 토대 위에서 공동 신체성을 지니며, 공동의 자연과 문화를 가진다. 타자는 세계와 마찬가지로 두께와 불투명성을 가진 채 나에게 지각된다. 그러므로 나는 타자를 완전히 알 수 없을 것이다. 그러나 전혀 알지 못하는 것도 아니다. 타자는 이 둘 다이므로 나에겐 애매한 존재이다.

자유

사르트르는 인간의 자유를 절대시한다. 인간은 인간인 한 초월하고 무화하는데, 이것이 곧 인간의 자유이기 때문에 인간은 곧 자유라고 해도 과언이 아니다. 메를로퐁티는 이러한 사유에 의문을 제기한다. 사르트르에게 있어 상황은 즉자와 대자의 결합이기는 하나 상황이 펼쳐졌다는 것 자체가 대자의 자유의 영역 내에서 일어난 일이다. 메를로퐁티에게서도 상황이란 역시 세계와 자신의 애매한 얽힘이지만 그에게서 주체는 신체적 주체이기에 세계가 주체에 상황이 주체에 전적으로 환원되는 것은 불가능하다. 주체의 자유는 세계(자연적이든 문화적이든)라는 버팀대 위에서 성립한다.

예술

사르트르는 상상을 대상이 존재하지 않는 것으로서 정립하는 의식으로 지각을 대상이 존재하는 것으로서 정립하는 의식으로 구분한다. 하나의 미술작품 앞에서 그것을 예술로 체험할 때 관람자는 물감이나 캔버스를 지각하면서 샤를 8세를 상상한다. 사르트르는 자코메티가 조각 작품을 통해 조각의 물질성을 적극적으로 드러냄으로써 상상의 공간을 회복하는 예술의 임무를 보여준다고 비평한다.

메를로퐁티는 상상과 지각을 구분하지 않는다. 상상과 지각의 경계는 모호하여 구분할 수 없다. 마찬가지로 예술작품에서 즉자인 것과 대자인 것을 나누는 것은 불가능하다. 그림은 보이는 것이 표현되어 있으면서 동시에 보이지 않는 세계의 의미를 품고 있다. 메를로퐁티의 말대로라면 우리는 화가(작가도 마찬가지)가 몸으로서[써] 겪은 세계에 익숙해질 때, 즉 화가의 스타일을 마치 나의 몸의 습관처럼 익히게 되었을 때 작품 속에 화가가 표현한 세계의 의미를 함께 체험할 수 있을 것이다.

문학

사르트르는 존재론적 질서를 엄격히 구분했던 것처럼 언어 및 언어의 태도도 구분한다. 산문/시, 기호/이미지, 산문적 태도/시적 태도 등등. 사르트르의 참여문학론은 문학의 사회적 역할을 강조한다. 즉 문학은 사회의 문제점을 드러내고 고발하고 변화시켜야 한다. 문학에 지나친 책임을 부여했다는 점 때문에 참여문학론은 악명이 높고 사르트르 본인마저 나중에 이를 인정했다.

메를로퐁티는 언어를 배운다는 것은 하나의 세계를 갖고 속하고 공유하는 것이다. 나아가 언어의 진정한 사유는 확립된 의미를 반복하는 것이 아니라 새로운 의미를 창조하는 것이다. 또한 보이는 것과 보이지 않는 것의 교직chiasme은 문학작품에서도 드러난다. 문학에서의 보이지 않는 것을 그는 "침묵의 말"이라고 부른다. 이 침묵의 말의 의미는 확정되어 있지 않다는 점에서 모험의 요소가 있는 것이며 바로 여기에 문학의 가치가 있다.

3

남긴 것

철학사적 위치

리쾨르는 후설과 하이데거 이후 현상학은 인간 소외를 다루느냐, 세계 속에서 인간의 위상을 다루느냐, 형이상학적 차원을 얻느냐에 따라서 사르트르, 메를로퐁티, 마르셀의 현상학이라는 세 가지 변형을 갖는다고 말한다. 리쾨르와 같은 프랑스 현상학자에게 사르트르와 메를로퐁티는 스승인 것이다. 프랑스 현상학은 삶의 구체성과 구조주의의 수용 그리고 철학 이외의 영역으로의 개방성 등의 특징을 갖는다고 평가된다. 이러한 프랑스 현상학의 고유한 특성을 만들고 현상학과 철학의 미래를 만드는 것에 있어 사르트르와 메를로퐁티의 기여는 과소 평가할 수 없을 것이다.

마지막으로 사르트르와 메를로퐁티의 철학적 유산을 정리해 보자.

사르트르의 유산

사르트르는 처음부터 그러니까 『존재와 무』를 발표했을 때부터 대중적인 인기를 누리는 작가였다. 오죽하면 좀 어려운 아이디어나 새로운 생각에 무턱대고 실존주의라는 딱지를 붙이는 바람에 『실존주의는 휴머니즘이다』를 발표할 생각을 다 했겠는가? 우리나라에 사르트르가 소개되었을 때에도 비슷했다고 한다. 50년대 전후의 정신적 폐허 상황에서 실존에 대한 피상적 관심, 60년대의 참여문학론 등 사르트르의 사상은 부분적으로 소개되고 소비되었다. 열광이 한풀 꺾이고 90년대 이후에 프랑스에서나 우리나라에서나 사르트르에 대한 차분하고 심도있는 연구는 진행되었다.

현재 사르트르 후기의 정치이론과 참여문학론은 현재성을 인정받지 못한다. 반면 그의 철학에서는 재발견이 이루어지고 있다. 서동욱에 따르면 데리다의 "흔적", "대리보충" 개념, 들뢰즈의 '차이와 반복'에 대한 사유, 푸코 등의 반인간주의 그리고 레비나스의 타자에 대한 새로운 사유 등은 이미 사르트르에 배태되어 있다.[6] 물론 데리다, 들뢰즈, 푸코, 레비나스가 그렇다고 인정한 것은 아니다. 그러나 현대 프랑스 철학의 주요한 저 주장들과 매우 유사한 내용이 사르트르의 '말들'에 있는 것 또한 사실이다. 그러나 사르트르는 그러한 주장들을 수많은 다른 주장들과 같은 수준에서 했다. 사르트르는 철학사적으로 근대로부터 현대의 문턱에 있었고, 본인조차 명료하게 의식하지는 못했을지라도 사상사적 흐름 속에서 분기점이 될 만한 주장을 하는 혜안이 있었던 것이다. 단지 그는 철학자들이 직업적으로 하는 논증이나 합리적 설명을 할 관심이나 여유가 없었던 듯하다. 그는 논증보다는 묘사나 선언을 선호했다.

---

[6] 서동욱, "사르트르의 현재성," pp.373-404.

메를로퐁티의 유산

사르트르의 사상은 세월의 여과기를 거쳐서 현재성을 갖는 부분이 걸러졌다. 메를로퐁티의 경우도 마찬가지이긴 하나 시간이 갈수록 재조명되는 부분이 많아진다는 점은 다르다. 현대 정치철학의 난제인 공동체주의와 개인주의의 양자택일의 문제에서 메를로퐁티의 상호작용적 공동 세계에 대한 관점은 문제 해결의 실마리가 되어준다. 현대의 인지과학, 뇌과학 그리고 사이버네틱스 분야도 메를로퐁티에게서 아이디어를 얻는다. 경험론/관념론이나 유물론/유심론 등의 이원론적 접근으로는 난제가 극복되지 않기 때문이다. 뿐만 아니라 "메를로퐁티의 살의 현상학은 기계장치와 연결되어 살아갈 수밖에 없는 현대는 물론 미래의 테크놀로지 사회에서 네트워크 미아, 괴물 기계와 같은 비극이 탄생하지 않기 위해서는 야생적이고 감각적인 인간의 몸과 사물기계 사이를 횡단하는 살의 감각적인 운동이 지속되어야 함을 자각하게 해준다"[7]는 면에서도 현재와 미래의 삶의 현상학이라 할 것이다.

---

[7] 김화자 외, 『프랑스철학의 위대한 시절』, 서울, 반비, 2014, p.126.